KB253318

꿈에서 주님을 만나라

엄 복 용 지음

좋은 책으로 하나님의 사람을 만들어가는

엘 맨

꿈에서 주님을 만나라

 추천의 글

꿈을 꾸는 사람들에게

세월은 물흐르듯이 쉬지 않고 흘러가고 있다. 지나온 역사를 보면 성공한 사람, 실패한 사람, 존경받는 사람, 멸시받는 사람, 부한 사람, 가난한 사람들을 볼 수 있다. 이러한 많은 사람들 가운데서 꿈을 잃지 않은 사람들은 성공하였다. 예를 들면 꿈을 통해 메시지를 받은 구약의 요셉이나 다니엘은 한결같이 하나님이 주신 꿈을 붙들고 믿음으로 살아서 총리의 자리에 오를 수 있었다. 신약의 목수 요셉은 꿈을 통하여 예수 그리스도를 안전하게 보호하였다. 따라서 하나님이 주신 꿈의 사람들이 하나님과 함께 동행한 것을 부정할 수 없다.

성경을 아는 사람은 꿈을 소홀히 하지 않는다. 그러나 많은 사람들이 꿈을 무시한다. 그 이유는 꿈에 대한 이해가 부족하기 때문이다. 나의 친구 엄복용 목사가 이민목회와 유학생활을 통하여 발견한 성경적 꿈의 접근은 이전에 우리가 흔히 들어보지 못한 내용들이다. 특히 일인칭을 통하여 꿈에서 주님을 만나게 하는 작업은 놀랍기만 하다.

이제 무의식 가운데서 일어나는 꿈을 통하여 하나님의 깊은 뜻을 이 책을 통하여 한번쯤 헤아려 볼 수 있기를 바란다. 하나님께서 다니엘이나 사도 요한의 꿈들을 통하여 미래를 보여주셨던 것을 기억해야 한다.

이 책은 꿈의 해석뿐만 아니라 그리스도를 나의 구주로 고백하게 하는 좋은 책이므로 기쁘게 추천하는 바이다.

김동성 목사
(안산새능력교회 당회장)

 추천의 글

미래를 생각하는 사람

기독교 영성개발의 한 부분으로서 꿈에 대한 연구를 조심스럽게 시도한 목사님께 감사를 드립니다. 기브온 산당에서 잠을 자다 꿈을 통하여 하나님을 만난 솔로몬은 꿈과 그의 미래를 확신할 수 있었습니다.

많은 사람들이 꿈을 꾸지만 해석할 지식과 해석하여 줄 해석자를 만나지 못해 그냥 지나치는 경우를 종종 보아왔습니다.

나의 사랑하는 후배 엄복용 목사가 감히 누구도 용기를 갖고 나서지 않는 분야를 개척하여 기독교 학문사의 한 획을 긋게 된 것을 기쁘게 생각합니다. 특히 성경의 꿈 이야기를 통하여 그리스도를 만나도록 이끄는 방법은 놀랍기만 합니다.

복음전도자의 사명은 다양한 환경에서 살아온 사람들에게 그리스도를 영접하게 만드는 것이 최상의 길이라고 생각됩니다. 특히 저자는 성경의 꿈 이야기를 통하여 그리스도를 만나도록 이끌고 있습니다.

꿈을 해석할 수 있는 여러 방법이 있지만, 이 책에 함께 실

린 꿈해석의 접근방법을 위한 소사전은 꿈을 해석하는 데 없
어서는 안될 자료입니다. 이 책을 읽는 모든 사람들에게 큰
도움이 될 것입니다.
　아무쪼록, 이 책을 통하여 과거와 현재와 미래를 생각하는
사람이 되기를 바랍니다.

김원교 목사
(참좋은 교회 당회장)

머리말

　여러 해 동안 영성개발에 관심을 가지고 연구하던 중 하나님이 주신 꿈을 어떻게 해석할 수 있을까 고민하게 되었다. 그러다가 성경에서 꿈을 꾼 사람, 꿈을 해석한 사람, 꿈 이야기를 전달하는 사람을 만나게 되었다. 역시 하나님은 꿈을 통하여 그 분의 뜻을 계시하여 주셨다. 꿈을 소홀히 하지 않았던 야곱의 아들 요셉은 애굽의 총리가 되었고, 하나님의 뜻 가운데서 꿈을 해석했던 다니엘 또한 총리의 자리까지 오를 수 있었다. 그리고 목수 요셉은 하나님이 주신 꿈에 순종함으로써 아기 예수를 안전하게 보호할 수 있었다.

　이 책은 저자의 마음 속에 밀려오는 꿈과 이상과 환상들을 더 이상 지체할 수 없어서 밤을 새워가며 저술하여 세상에 빛을 보게 된 것이다.

　이 책의 일부는 이미 교인들을 대상으로 수련회에서 그리고 금요 성경공부 시간에 사용되었다. 저자와 함께 꿈에 대한 공부에 참석했던 사람들의 삶이 변화되어 가는 것을 직접 목격한 바 있다.

　이 책은 다섯 부분으로 구성되었다.

　1장에서는 꿈의 정의와 꿈 이야기를 전할 수 있는 기술적인 면을 다루었다. 성경에 나타난 꿈 이야기를 소화하여 다른 사람들에게 일인칭으로 전할 수 있도록 이야기 만들기에 심혈을 기울였다. 이에 대한 모델은 "아브라함의 꿈"과 "목수 요셉의 꿈"에서 볼 수 있다.

　하나님의 말씀을 전하는 목사님들이나 성경교사들은 성경을 잘 풀어서 전할 때 하늘을 나는 기분을 느낀다. 왜냐하면 말씀을 전하는 순간에 영감이 오고, 감동이 오고, 기쁨이 넘치기 때문이다. 저자는 성경의 꿈 이야기를 전할 때 성경 속으로 리더자가 들어가 주인공의 역할을 하도록 했다. 이것은 듣는 사람들보다 전하는 사람이 은혜받고, 치료받고, 체험하게 하기 위해서이다.

　2장에서는 성경에 나타난 꿈의 지식을 말하면서 지금까지 학문적으로 연구되어 온 꿈을 설명하였다. 그래서 꿈을 정리하여 문제점을 발견하고 거기서 방향을 찾고 아픈 상처를 치료할 수 있도록 했다. 그리고 밤마다 꾸는 꿈을 놓치지 않도록 꿈을 기록하는 방법을 소개했다. 가까운 친구가 꿈 이야기를 할 때 그 꿈을 해석하는 방법과 질문하는 방법, 뿐만 아니라 다양한 꿈의 종류를 다루었다. 또한 실질적으로 꿈을 통하여 이루어진 사례들을 조심스럽게 다루었다. 한 가지 놀라운 것은 꿈을 꾸는 사람은 좌측 뇌의 사람보다도 우측 뇌의 사람이 많다는 것이다. 저자가 「이야기 설교」라는 제목으로 조만간 출판되어 나올 책에 언급하겠지만 좌측 뇌의 기능은 언어적, 수리적, 직선적, 과학적이다. 반면에 우측 뇌는 공간적, 예술적, 우회적, 직관적, 창조적, 감정적, 종교적이다. 예수님의

12제자 중의 한 사람인 세리 마태는 본래 좌측 뇌의 사람이었다. 그러나 그는 예수님의 제자가 되고부터 우측 뇌의 사람으로 변하였다. 예수님의 제자 중에 아마 마태만큼 수리력이 뛰어난 사람이 없었을 것이다. 그러나 그는 회계직을 맡지 않고 가룟유다가 이 일을 대신했다. 왜 그렇다고 생각되는가? 복음서를 자세히 읽어보라. 꿈(dream)이라는 단어를 사용한 사람은 마가, 누가, 요한이 아니라 마태였다. 꿈 이야기를 좋아하는 사람은 우측 뇌의 사람이다. 따라서 이 책은 좌측 뇌의 사람을 우측 뇌로 바꾸어 줄 것이다.

꿈이 많은 사람은 꿈이 없는 사람보다 더 앞서갈 수 있음을 배제할 수 없다. 저자는 꿈이 없는 사람이 이 책을 통하여 꿈을 꾸는 사람이 되기를 바라는 마음이 간절하다.

솔로몬이 꿈이 없는 사람이었다면 그는 하나님이 주시는 지혜의 은사를 얻지 못했을 것이다.

3장과 4장에서는 19사람의 모델을 가지고 워크숍(workshop)을 할 수 있도록 하나님이 주신 꿈을 해석하며 분석했다. 이 꿈 이야기를 가지고 묵상하는 방법을 이 책 시작하는 말에 실었다. 특히 저자가 개발한 영성개발을 위한 4단계는 이 꿈 이야기에서 꼭 사용해야 할 도구이다. 1단계는 성경을 읽을 때 그림을 그리는 것이다. 2단계는 그림 속으로 들어가는 것이다. 즉 말씀 속으로 들어가야 한다는 말이다. 밖에서 빙빙 돌면서 100번 성경을 읽어 보아야 수박 겉핥기식이다. 3단계는 하나님의 음성을 듣는 것이다. 이야기 속으로 들어간 사람은 그분의 음성을 들을 수 있다. 꿈 이야기를 남의 이야기처럼 한다면 아마 느낌도, 경험도, 은혜도 받지 못할 것이다. 4단계는 하나님과 대화를 시작하는 것이다. 하나님에게 반응하라는 말이다. 하나님이 사랑한다고 하면 나도 사랑한다고 해야 한다.

　마지막은 부록이다. 부록에서는 본문에서 다루지 않았던 신구약 성경의 꿈과 이상, 환상 등을 정리하였다. 또한 꿈을 해석할 수 있는 간단한 소사전을 구성하였다. 이것은 꿈을 해석하는 데 큰 도움이 될 것이다. 그리고 꿈을 더 연구하고 싶은 사람들을 위하여 참고서적을 정리하였다.

　이 책은 저자가 여러 해 동안 목회하는 과정에서 하나님이 주신 지혜로 얻은 산물이다. 성도들과 만나 교제할 때면 꿈을 꾼 사람들의 이야기를 듣고 너무 감동이 되어 기독교인들에게 꿈에 대한 올바른 이해를 할 수 있는 책의 필요성을 절실히 느끼며, 책을 만들어야겠다고 생각하게 되었다. 그래서 여러 해 동안 기도하는 가운데 외국에서 출판된 권위있는 서적을 참고하여 만들었다. 그것은 저자의 주관적인 생각을 벗어나 객관성을 찾기 위해서였다.

　이 책이 교회의 성도들과 꿈꾸는 사람들에게 영적 성숙의 밑거름이 될 것으로 확신한다. 솔로몬이 일천번제의 제사를 드리고 기브온 산당에서 잠을 잘 때 꿈에 나타난 하나님이 지금 여러분의 꿈에서 만날 수 있는 분임을 기억하기를 바란다.

1999년 새봄에
엄복용 목사

차 례

1장 꿈을 준비하라

"하나님이 가라사대 말세에 내가 내 영으로 모든 육체에게 부어주리니 너희의 자녀들은 예언(prophesy)할 것이요 너희의 젊은이들은 환상(visions)을 보고 너희의 늙은이들은 꿈(dreams)을 꾸리라"(행2:17).

하나님께서는 우리들에게 많은 예언과 비전과 꿈을 주셨다. 그러나 많은 크리스천들은 그저 보고만 있을 뿐 경험하는 사람은 소수에 불과하다. 하나님께서는 꿈을 통하여 우리의 사역, 재정, 건강, 결혼, 사업 등을 인도하신다. 이러한 인도를 받지 못하는 것은 하나님을 전적으로 신뢰하지 못하기 때문이다. 다시 말해 하나님의 음성을 듣지 못하는 것이고, 꿈을 통하여 주시는 교훈을 깨닫지 못하는 것이고, 자신의 생각과 몸을 던져 성경 속으로 들어가지 못하기 때문이다. 그러기에 하나님을 경험하지 못한다.

모두가 하나님을 만나는 경험을 원하지만 생각대로 되지 않는 것을 오랜 세월을 통해 나는 지켜보아 왔다. 교회에서는 주일마다 강단에서 살아계신 하나님의 말씀이 선포되고 금요일 밤이면 수많은 크리스천들이 기도원으로, 교회 기도실로 모여든다. 그러한 열심 속에서도 어떤 이는 주님을 만나 구속의 은혜를 체험하는가 하면 그렇지 못한 사람들도 있다. 따라서 이 책은 하나님을 만나지 못한 사람들을 위하여 그분과 만날 수 있는 기회를 주고자 하는 마음으로 시작하였다.

다음에 말하는 4단계는 여러분의 신앙생활을 한 단계 높여주는 역할을 할 것이다.

1단계:그림을 그려라.

지적인 마음을 정적인 마음으로 바꾸어야 한다. 특히 선입견을 버리고 기도하는 마음으로 본문 내용을 그림으로 그려야 한다.

2단계:말씀으로 들어가라.

소가 되새김질 하듯이 한 단어 한 문장 속으로 당신이 들어가야 한다. 위에서 그린 그림 속으로 당신이 들어가야 한다.

3단계:하나님의 음성을 들어라.

일방적으로 본인이 요구하는 것만을 말하지 말고 하나님의 뜻을 알려고 노력해야 한다.

4단계:하나님과 대화를 시작하라.

이것은 영적 생활의 마지막 단계이다. 쉬지 말고 주님과 대화를 하여 보라.

이러한 4단계 방법을 통하여 성경본문에서 하나님을 만나게 되리라 확신한다. 구약과 신약의 꿈을 읽고 연구하고 말하는 가운데 성령님은 임재하신다. 그러므로 모두가 회개의 눈물로 과거의 아픈 상처를 치료받고, 삐뚤어진 현재의 모습을 바로잡고, 주님이 원하는 미래를 향해 나아가게 될 것이다.

1. 꿈의 정의

꿈이란 우리가 통제(control) 할 수 없는 영역에서 영화의 한 장면처럼 소리를 들을 수 있고 생생하게 볼 수 있는 것이다. 이것은 우리의 무의식의 세계에서 일어나는 이야기이다. 쉽게 말하면 꿈은 잠으로부터 어떤 것을 기억나게 해주는 것이다. 우리의 꿈에서 나타나는 이미지들은 우리에게 메세지를 준다. 꿈은 우리의 의식을 찾으려고 무의식의 영역으로부터 지혜, 통찰력, 메세지를 얻어내는 것이다.

꿈(dream)과 이상(vision)은 구별된다. 우리가 잠자고 있을 때 일어나는 것은 꿈(dream)이고, 우리가 깨어있을 때 나타나는 것은 이상(vision)이다. 이상을 보는 사람은 꿈 속으로 들어가는 것과 같지만 이 경우는 분명히 깨어있다. 많은 사람들이 그들에게 나타난 이상을 의심한다. 그래서 "설마 내가 잘못 보았겠지 내 몸이 정상이 아닌가봐" 등의 말을 한다.

많은 사람들은 이상(vision)과 망상(hallucination)을 혼동한다. 이상은 내면세계로부터 일어나서 영의 세계에 기여하지만, 망상은 정신세계에서 만들어져 단지 육의 세상에 기여한다. 예를 들면 만약 어떤 사람이 낮에 비몽사몽간에 분홍색 코끼리를 보았다면 그것은 이상을 본 것이다. 반면에 어떤 사람이 분홍색 코끼리를 보았고 그것에 짓밟히는 것이 두려워 침대 아래 숨었다면 이것은 이상이라기보다 망상을 본 것이다.

여러 가지 꿈 중에서 모두가 부인할 수 없는 꿈이 하나 있다. 그것은 "신성한 꿈"(numinous dream)이다. 이 꿈은 인생에서 한 번 또는 두 번 가질 수 있는 것이다.

테드 샌포드(Ted Sanford)라는 75세 된 싱공회 목사가 경험한 꿈 이야기다. 그가 심한 병으로 아파하며 걱정하고 있을 때, 다음과 같은 일이 꿈 속에서 일어났다. 그는 어린 시절에 살던 집을 보았고, 자신이 다니던 학교 교실도 보았다. 그리고 나서 중국에 선교사로 간 것과 다시 미국 뉴저지에서 하나님의 교회를 섬기는 꿈을 꾸었다. 마지막으로 그는 자신의 방을 보았고 자신이 소파에 누워 있는 것도 보았다. 다시 그는 머리 위의 시계 바늘이 11시에 고정되어 있는 것을 보았다. 그의 시선은 문쪽으로 향하여졌고 그곳에 아주 깨끗한 빛이 문으로 들어오는 것을 보았다. 그는 소파에서 일어나 열려있는 문을 통하여 환하게 비추는 빛의 길을 따라 갔다.

다음날 아침, 자신의 아내 아그네스에게 모든 꿈 이야기를 했다. 그 꿈은 그의 병으로 인한 심한 아픔을 치료해 주었고 그의 걱정을 말끔히 씻어주었다. 그리고 일주일 후에 그는 자기가 공부하는 의자에서 깊이 잠들었고 다시 눈을 뜨지 못하고 말았다. 그가 꿈에서 본 빛의 길을 따라 간 것처럼 말이다. 그는 자신의 두려움을 없앴고, 자신의 죽음을 꿈을 통하여 알았다. 꿈은 그가 하나님의 품으로 돌아간 것을 확실히 보여주고 있다.

좀 더 꿈을 해석하는 데 도움을 주는 마음으로 꿈에 테드 샌포드 자신이 어떤 모습으로 등장했는지를 관찰하여 보겠다. 꿈을 해석하는 데 있어서 분명히 알아야 할 것은 자기 자신이 누구인가를 아는 것이다. 그러기 위해서는 꿈 속에 자신이 어떻게 등장하고 있는가를 알아야 한다. 많은 크리스천 해몽가들은 자신의 상징을 집이나 자동차로 표현하고 있다. 꿈 속에 어린시절 놀던 시골집이 나타났다면 바로 그것이 자신의 모습이다. 집 안에 방이 보이면 그것은 우리의 삶의 부분들이 나타나고 있는 것이다. 예를 든다면 집 안에서 부엌을 보았다면 그는 음식에 관련된 어떠한 일이 있다는 것이다. 또는 자신의 영양을 공급해 주는 기관에 어떤 일이 일어났다는 것이다.

또 꿈에서 자동차를 볼 수 있다. 이것 역시 자신이다. 자동차를 몰고가는 사람은 바로 자신이다. 만약 자동차 안에 어떤 사람이 타고 있다면 그것은 자신 속에 누군가 들어왔다는 것이므로 좋은 일이 아니다. 왜냐하면 자기 영역을 누군가 침범했다는 의미이기 때문이다. 혹 어린이와 동물이 나타났다면 그것은 자신을 더 구체화시키고 있는 것이다.

꿈 해석에 자신을 발견할 수 있는 것이 무엇보다 중요하다. 위 노목사님의 꿈 이야기를 다시 몇 단어만 이야기해보자. 그는 소천하기 전에 어린시절의 집, 학교, 선교사역지, 목회지,

자기 집의 방, 소파, 시계, 거실 등을 보았다. 이와 같은 것은 다른 사람을 향한 꿈이 아니라 자기 자신의 미래에 일어날 일을 보여 준 것이다. 이처럼 꿈을 통하여 하나님은 우리에게 새로운 비밀을 계시하여 주고 있다.

2. 꿈 이야기 준비

이야기를 만들기 위해서는 한 장의 그림을 먼저 그려야 한다. 이 그림은 벽에 걸려있는 그림이 아니라 살아서 움직이는 그림이어야 한다. 짧게는 몇 분부터 길게는 몇 시간 동안의 이야기여야 하기 때문에 외워서 한다는 것은 불가능하다.

이것을 준비하는 첫번째 기술은 명상(contemplation)과 동화(assimilation)이다. 특별한 지명이나 사람 이름을 제외하고는 모든 언어를 자기화 해서 준비해야 한다. 남의 말을 가지고 흉내내거나 사전에 있는 어려운 용어들을 사용하면 생동감있게 이야기를 전달할 수 없다.

이야기할 성경 본문이 정해지면 천천히 반복해서 계속 그 본문을 읽어야 한다. 성경을 읽는 과정에서 기억해야 할 것은 그 이야기에서 다음의 5가지를 잊지 말라는 것이다.

첫째, **냄새**이다. 본문 속에서 거룩한 빵 냄새를 맡을 수 있어야 한다. 예를 들면 출애굽 과정에서 볼 수 있는 만나와 메추라기를 냄새로 추적하며 연구하는 것이다.

둘째는 **청취**이다. 군인들이 오가는 소리 발자국 소리 나팔, 소리… 등을 들어야 한다.

셋째는 **맛**이다. 음식을 먹을 때 맛을 느껴야 한다. 당신이 꿈 이야기를 준비하면서 맛을 보라는 것이다.

넷째는 **만져보아야** 한다. 외로움은 비오는 날에 젖은 옷을 입은 느낌으로 있을 때 더 커지기 마련이다. 성경에서 내가 만질 수 있는 것을 골라내라는 것이다.

다섯째는 **색깔**이다. 모든 색깔을 구별할 수 있어야 한다.

검정이냐 흰색이냐를 구별해 가며 이야기를 준비하라. 그러다 보면 이야기의 줄기가 잡히고 머리에 그 이야기가 영상으로 떠오르고 본문의 특성도 이해할 수 있게 된다. 성경의 꿈 이야기를 할 때 노트나 성경을 보지 말고 해야 한다. 성경과 노트는 오른쪽에 놓고 자신있게 내용을 말해야 한다. 그래야 훌륭한 꿈 이야기꾼이 되는 것이다.

사람들 앞에서나 이야기 할 때는 사전에 철저한 준비를 해야 한다. 지난 밤에 자기가 꾼 꿈처럼 이야기 해야 한다. 항상 머리 속에 그림을 그려 잊어버리지 않도록 해야 한다. 실감있게 전하기 위해 실제 상황을 상상해 보는 것이 좋다. 이야기는 말하는 사람에 따라 살기도 하고 죽기도 한다. 중요한 것은 이야기의 골격을 몸에 지니고 시작해야 한다는 것이다. 만에 하나 잊었을 경우를 대비하여 즉각적으로 회생시킬 대안이 있어야 한다. 이야기는 계속 진행되어야 한다. 중간에 멈추거나 책을 들쳐보면 생동감있게 전달할 수 없다.

3. 꿈 이야기 구성의 요령

첫째, **꿈 이야기의 줄거리를 익혀라.** 이야기의 내용을 여러 번 읽고 생각하다 보면 익숙하게 된다. 이 때 본문을 분석하여 적절하게 자기 방식으로 줄거리를 만들어 본다.

둘째, **꿈 이야기의 특성을 살려라.** 좋은 꿈 이야기는 특성이 있어야 한다. 쉽게 말하면 색깔이 있어야 한다는 말이다. 본문에 나타나는 특성을 머리 속에 기억해서 전달하고자 하는 내용을 더 흥미롭게 한다.

셋째, **꿈 이야기의 배경을 넓혀라.** 역사적인 사건이 일어났을 때 보충설명이 있어야 관객들이 내용을 쉽게 이해할 수 있다. 우리가 코메디 방송을 볼 때 그 나라의 정치, 경제, 문화를 모르면 이해할 수 없는 것과 마찬가지이다. 사람의 신체구조를 사실적으로 알려면 사람의 옷을 벗겨봐야 한다. 마찬가지로 본문의 내용을 철저히 연구하여 실감있게 이야기를 전해야 한다.

넷째, **꿈 이야기를 논리적으로 분석하라.** 본문 이야기를 잘 분류하고 그것을 좀더 연구하여 도입-내용-절정-결론의 4단계로 만들어야 전달하기 쉽다.

<도 입>

이 부분은 매우 중요하다 이야기하는 사람의 능력을 시험하는 단계이다. 시작부터 듣는 사람은 반응을 보이기 시작한다. 흥미는 첫마디부터 일어난다. 처음부터 긴 설명을 하지 않도록 한다. 도입과 결론은 명확한 말만 필요할 뿐 구구절절한 말은 필요없다. 첫 마디에 대개 사람들은 이렇게 한다. "어제 밤 나의 꿈 속에…", "나는 내가 제일 좋아하는 여인을 보았다", "오래 전에 나는 이상한 꿈을 꾸었다" 등.

도입단계에서는 누가, 언제, 어디서의 3가지 질문과 대답을 만들어 내면 된다.

<내 용>

내용이 관객들에게 전달되었을 때, 그들이 이해할 수 있으면 되는 것이다. 내용은 관객들이 절정에 도달할 수 있도록 잘 연결시켜 주면 된다.

<절 정>

이야기에서 가장 중요한 부분이다. 그러므로 관객들에게 깊은 감명을 주어야 한다. 이야기가 최고의 흥분에 도달했을 때를 클라이막스(climax), 즉 절정이라고 한다. 클라이막스는 이야기의 목적이 된다.

<결 론>

클라이막스 후에 이야기는 즉각적으로 끝나야 한다. 훈련이 덜 된 사람은 결론을 말하면서도 본문의 이야기보다 더 길게 하는 사람이 있다. 이러한 일이 생기지 않도록 조심해야 한다.

다섯째, **꿈 이야기를 자신의 말로 쓰라.** 보통 집을 건축할 때 제일 먼저 기초공사와 건물의 골격을 만든다. 그리고 좋은 벽돌, 좋은 재료를 사용하여 아름다운 집을 짓는다. 마찬가지로 자기 취향에 맞는 언어를 사용해야 머리에 기억하기가 쉽다. 머리 속에 자기가 좋아하는 색깔로 그린 그림을 상상해야 한다.

여섯째, **당신의 꿈 이야기를 연습하라.** 모든 준비가 끝나면 연습을 해야 한다. 가상으로 관객을 보면서 연습하는데 이것은 연습이 아니라 실제상황임을 명심해야 한다. 이 때 새로운 아이디어로 전달하는 기술을 얻게 된다. 이야기의 기술은 많은 시간과 노력을 필요로 한다. 그 결과 풍성한 유익을 줄 것이다.

4. 훌륭한 꿈 이야기 만들기

훌륭한 꿈 이야기는 확실한 준비없이 이루어질 수 없다. 이 것은 이야기의 내용과 관객의 분위기, 그리고 이야기 하는 사람이 조화를 이루어야 한다. 다시 말하면 삼박자가 맞아야 훌륭한 이야기가 될 수 있다. 이러한 작품은 저절로 되는 것이 아니다. 아무리 훌륭한 화가라 해도 그림을 평가해 주는 사람이 없으면 더 좋은 그림을 그릴 수 없는 것과 같다.

(1) 분위기(mood)를 조성하라.

유학시절 공부할 때 학문적인 것도 배웠지만 특히 분위기 조성하는 방법을 나는 많이 배웠다. 토론토에 있는 교회에서 있었던 일이다. 금요일 밤 나는 성경을 가르치지 않고 촛불을 은은하게 3개 성도 밝혀 놓고 어느 여전도사의 간증 테이프를 들었다. 그 때 참여한 사람은 10여명이었다. 처음에는 농담으로 우리 목사님은 분위기있는 남자라고 했다. 우리는 촛불을 밝힌 골방에서 간증을 듣기 시작했다. 그 때 어떠한 일이 일어났는지 아는가? 30분쯤 지났을 때 그 방 안에 있는 사람들이 울기 시작했다. 그리고 크리넥스와 손수건을 찾기 시작했다. 물론 간증의 내용이 감동적이었기 때문이다. 그러나 꼭 그렇지만은 않았다. 아내가 일하는 회사 사장에게 테이프를 빌려 주었더니 그는 운전하면서 들었는데 눈물은커녕 비판이 앞섰다고 했다.

분위기가 잘 만들어졌을 때 더 많이 회개하며 감동받았다. 어두운 방에서는 눈물을 흘려도 옆사람이 잘 안보이므로 마음

놓고 운 것이다. 왜 한국의 많은 성도들이 기도원으로 가는
가? 거룩한 장소에 가서 은혜받기 위해서다. 그리고 분위기,
즉 무드라는 것을 중요하게 생각하고 있음을 잊지 말아라.

　이야기를 준비하는 사람은 무드를 조성할 줄 알아야 한다.
위대한 복음 전도자 빌리 그레이엄도 이것을 매우 중요하게
생각했다. 이야기하는 사람의 의상과 주위, 배경 정돈을 소홀
히 하지 말라. 이것은 교회에서 설교할 때도 큰 영향력을 주
는 과제이다.

(2) 첫마디에 관심을 끌라.

　자동차가 목적지를 가기 위해 첫 출발은 매우 중요하다. 백
화점에 갔을 때 안내해 주는 사람의 인상이 밝은 표정이 아니
면 물건을 사고 싶지 않아 그냥 가버리게 된다. 이야기에서
첫마디는 관객들을 집중시킬 수도 있고 그렇지 않을 수도 있
다. 그러므로 시선은 관객을 바라보고 준비한 것을 또박 또박
전달해야 한다. 아무리 좋은 이야기를 준비했다 해도 첫 번에
잘못 끼워진 단추구멍을 다시 바로잡기란 어려운 것이다. 수
정한다 해도 그만한 시간을 또 소요해야 한다. 말을 시작하기
전에 첫 문장을 외워야 한다. 그리고 마음 속으로 계속 반복
연습해야 한다. 항상 얼굴은 웃는 모습이어야 한다. 이야기의
명쾌한 전달은 다음 단계의 행동에 영향을 준다.

(3) 이야기 속에 자신이 빠져라.

　이야기를 철저히 준비했다면 당신이 이야기 속에 들어가 주
인공이 될 수 있다. 그 때 주인공이 된 당신은 그 주인공의
특성과 모습을 나타낼 수 있다. 크리스마스 때나 부활절 때,
수련회 기간에 연극을 할 때 어떤 학생은 성경 인물의 역할을

하고 나서 변화되어 새 사람으로 바뀌는 것을 종종 보게 된다. 왜 그런지 아는가? 그 학생이 그 연극 배역 속에 깊이 빠져 들어가 주님을 만났기 때문이다. 따라서 이야기는 듣는 사람보다 전하는 사람이 먼저 더 은혜를 받고 감동을 받는 것이 중요하다.

나는 토론토에 있는 조그마한 한인교회 담임 목사이다. 나는 설교를 준비할 때 성경을 분석하여 비판적으로 말씀을 준비하지 않는다. 일단 본문이 정해지면 성경으로 들어가 하나님을 만나고 예수님을 만나고 성령님을 만나 받은 은혜를 그대로 성도들에게 주일에 전한다. 어떤 때는 너무 감동되어 식탁을 준비한 아내를 무안하게 한 적도 있다. 몇 번에 걸쳐 식사를 하라고 불러도 나가지 않는다. 왜냐하면 내가 성경 속에 깊이 빠져있기 때문이다.

나는 유학시절, 일인칭 설교학을 배웠다. 내가 목사가 된 지 10여년이 되었지만 전에는 일인칭 설교라는 이야기를 들어본 적이 없었다. 어느 날 넬슨이라는 설교학 교수가 강의는 하지 않고 모든 학생들에게 타원형으로 둘러 앉으라고 했다. 그리고 자기가 먼저 일인칭 이야기를 시작했다. 그는 신약에 나타난 한 사람으로 들어가 자기가 만난 예수를 소개하기 시작했다. 나는 처음 들어보는 이야기라 관심있게 들었다. 이야기가 끝나자 학생들이 돌아가면서 교수처럼 이야기를 시작했다. 7명쯤 이야기가 진행되자 강의실 분위기는 엄숙해졌고 주님께서 만져주신 감정들이 드러나기 시작했다. 성령님이 강의실에 임하셨고, 이야기하는 각자에게 내주하셨다.

더 이상 이야기를 진행할 수 없었다. 모두가 머리를 숙여 신음하며 회개의 기도, 치료의 기도, 감사의 기도로 모임은 마쳐졌다. 이처럼 이야기할 때도 당신 자신을 잊어버리고 당신이 주인공이 되어야 한다.

(4) 이야기에 흥미를 끌라.

이야기는 듣는 이들에게 흥미를 주어야 한다. 이야기 본문에 들어서는 순간 준비한 지도(Map)를 따라가야 한다. 이미 준비된 지도는 당신을 성공하도록 인도할 것이다. 때로는 언덕길이 있을 것이고 때로는 내리막길이 있을 것이다. 그 때마다 당신의 특성을 나타내게 되고 관객들의 흥미를 끌게 될 것이다. 이러한 요소를 점검해 보자.

① 음성으로

음성은 이야기에 흥미를 끄는 아주 강한 힘을 가지고 있다. 음성은 이야기 하는 사람의 느낌과 감정을 표현하게 된다. 말하자면 뜨거운 사랑, 밝은 행복, 배고픔, 괴로운 고통 등이다.

② 언어로

언어는 관객의 수준에 맞추어야 한다. 뿐만 아니라 지역의 풍습과 문화를 고려해야 한다. 전라도 사람은 경상도에 가서 설교할 때 경상도 억양으로 말하는 것이 좋다. 이것은 단정할 수는 없지만 분명한 것은 서양문화권에 있는 사람이 한국에 가서 서양식으로 이야기 하면 흥미를 끌 수가 없는 것과 마찬가지이다. 어린이들에게 하는 설교, 어른에게 하는 설교, 학생, 청년들에게 하는 설교는 같은 언어를 사용하지 말아야 한다. 그들이 사용하는 언어를 사용하는 것이 가장 좋다.

③ 움직임으로

여러분은 연극을 본 경험이 있을 것이다. 조용하게 입으로

만 이야기를 하면 큰 효과를 낼 수 없다. 하나님이 여러분에게 주신 온몸을 다 사용하여 흥미를 끌어보길 바란다. 관객들은 많은 관심을 가질 것이다.

내가 어느 교회에 가서 강대상을 무시하고 왔다 갔다 하면서 설교를 마친 적이 있다. 그 때 한국인 2세가 내게 와서 한국의 빌리 그레이엄이 여기 왔다고 말하는 것을 들었다.

움직여 보라. 잔잔한 호수가 요동을 일으키듯이 성도들의 마음에 흥분이 일어나 교회가 변하는 역사가 있는 것이다. 요즘 부흥하는 외국 교회들은 강대상이 없다. 주일이면 강대상이 보이는 것이 아니라 설교할 목사만 나타난다. 이야기를 전달해 주는 사람과 이야기를 들어주는 성도들 사이를 가로막는 것을 치우므로 새로운 부흥의 역사를 일으키는 것이다.

④ 클라이막스로

이야기에는 분명한 클라이막스가 있어야 한다. 이것을 이야기의 절정이라고 할 수 있다. 집을 건축하는데 디자인을 해서 집을 완성했다고 할 때 관심을 끄는 것이나 특별하게 보이는 것이 없다면 멋있는 집, 훌륭한 집이라 할 수 없다. 이야기 또한 마찬가지이다. 당신은 분명한 클라이막스를 만들어야 한다. 이것이 이야기의 목적이라 해도 과언이 아니다.

⑤ 교훈으로

당신의 이야기가 클라이막스에 도달하면 교훈을 준비해야 한다. 이것은 처음 시작할 때와 같이 한 두 문장을 넘지 않게 준비해야 한다. 이것이 이야기의 결론이 될 것이다.

마지막으로 훌륭한 이야기는 당신이 상상하는 그림을 사용할 때 많은 효과를 얻을 수 있다. 그림을 보고 이야기 할 때

여러분의 시선 또한 관객을 바라볼 수 있다. 잊지 말아야 할
것은 연습이 좋은 결과를 가져다 준다는 것이다.

2장 꿈을 이해하라

1. 영적 친구가 되어주는 꿈

꿈은 영어로 DREAM이고, 히브리어로는 CHALOM이다. CHALOM이라는 히브리어는 구약에 64번 나타나고 있다. 오늘날 가장 권위있는 킹 제임스 영어성경에 DREAM이라는 말이 63번 나왔고, 나머지 한 번은 DREAMER로 표현했다. 반면에 신약에서는 6번만 사용했다. 그것도 오로지 마태복음 (1:20; 2:12-13, 19, 22; 27:19)에서 사용했다. 하지만 이와 유사한 말은 사도행전 2:17과 유다서 1:8에서도 찾아볼 수 있다.

이러한 꿈이라는 말은 신구약성경을 통하여 우리에게 여러 가지 꿈 이야기들을 보여주고 있다. 창세기, 다니엘서, 욥기, 그리고 마태복음과 사도행전은 꿈을 연구하는 데 빼놓을 수 없는 책들이다. 특히, 구약의 요셉과 다니엘이 하나님이 주신 지혜로 꿈을 해석함으로 꿈에 대한 관심을 더많이 갖게 했다.

일상생활에서 꿈을 꾸는 사람들은 많다. 그 중 대부분의 사람들이 두렵고, 무서운 꿈을 꾸고 잊어버리는가 하면 또다시 반복해서 같은 꿈을 꾸곤 한다. 이것은 그들에게 평온함보다는 두려움과 불안감을 준다. 하지만 우리는 꿈을 바로 해석하기 위해서는 어떤 상황의 꿈을 꾼다 할지라도 꿈을 두려움의 대상으로 생각하지 말고 친구로 생각해야 한다.

꿈은 무의식으로부터 온다. 나의 생활 속에 일어나고 있는 것들이 나도 모르게 꿈 속에서 일어날 때가 많다. 경우가 어떻든지 꿈의 근본은 우리들에게 생명을 주신 하나님께 있다. 하나님이 어떻게 우리의 무의식 속에 꿈을 창조하였는가는 매우 신비스러우며 연구해야 할 우리의 과제이다.

우리가 접하기 쉬운 마태복음에 예수님 탄생 당시 요셉에게
나타난 꿈 이야기를 살펴보자.

> "이 일을 생각할 때에 주의 사자가 현몽하여 가로되 다윗의 자
> 손 요셉아 네 아내 마리아 데려오기를 무서워 말라 저에게 잉태
> 된 자는 성령으로 된 것이라… 요셉이 잠을 깨어 일어나서 주의
> 사자의 분부대로 행하여…"(마 1:20-25).

우리는 본문에서 약혼상태에 있는 요셉의 심정을 충분히 읽
을 수 있다. 그는 결혼도 하기 전에 아내될 사람 마리아가 임
신했다는 것을 알았다. 유대인의 법대로라면 마리아는 간통죄
에 걸려 죽음(신 22:23-24)을 면하기 힘든 상황이다. 요셉은
마음이 아프지만 그녀와의 약혼을 취소하는 것외에 다른 길이
없었다. 의로운 요셉은 자신의 명예를 위해서라도 결혼을 할
수 없게 되었다.

그러나 요셉은 꿈을 통하여 그의 생각을 바꾸었다. 요셉은
천사가 꿈에 나타나 말해 준 것을 믿었다. 천사가 꿈에 4번
나타나 요셉에게 전해 준 메세지는(마 1:20; 2:13, 19, 22) 유대
의 그 어느 법의 힘보다도 요셉을 강하게 움직였다.

사실 요셉은 자기 아내가 될 마리아를 매우 열망했다. 그래
서 마리아가 임신했을 때 그에게는 큰 충격이었다. 그러나 요
셉은 하나님의 계시를 순종하여, 성령으로 잉태한 마리아를
수용하기로 결정했다.

마태는 이러한 꿈을 복음서에 기록함으로 우리에게 세 가지
영적인 길을 보여 준다.

첫째, 꿈은 불안을 확신으로 바꾸어 준다.

꿈은 좌절한 사람들에게 용기를 줄 뿐만 아니라 장래의 일

을 분명하게 보여준다. 요셉의 경우 마리아의 임신은 요셉에게 불안과 괴로움을 주었고, 그들의 관계까지 위협하였다. 그러나 하나님은 그들에게 꿈을 꾸게 하였고 꿈을 통하여 확신을 얻게 되는 결과를 가져왔다. 오늘날 꿈없이 불안에 떨고 있는 사람들이 있다면 요셉과 같은 꿈을 꾸기 바란다. 그러면 하나님이 주시는 확신의 삶을 살 수 있을 것이다.

둘째, 꿈은 때때로 위험을 경고한다.

우리의 꿈 중에서 일부는 주의해야 할 필요가 있다. 거기에는 문제가 있음을 알려주기 때문이다. 동방박사들의 꿈은 그들이 아기 예수를 경배하고 헤롯왕에게 돌아가서 알리지 못하도록 했다. 꿈들은 여러 가지로 우리에게 접근하여 오고 있다.

다시 요셉을 생각해 보자. 그는 꿈을 통하여 마리아가 성령으로 임신한 것을 알았다. 또 아기의 이름까지 알았다. 요셉의 꿈은 예수를 애굽으로 인도했고, 다시 몇 년 후에 애굽으로부터 돌아와 베들레헴이 아닌 나사렛에서 살게 만들었다. 만약 요셉이 하나님의 천사가 경고하는 것을 무시했다면 커다란 화가 임하였을 것이다. 따라서 꿈에서 위험을 경고할 때는 그 꿈을 무시하지 말아야 한다.

셋째, 꿈은 분명한 길을 지시한다.

꿈은 종종 우리의 가능성에 불을 붙이고 결정하기 힘든 일을 쉽게 결정할 수 있도록 도와준다. 마태복음 2:13에 천사는 강한 어조로 "일어나 아기 예수를 데리고 애굽으로 내려가라"고 지시하고 있다.

빌라도는 유월절 전례에 따라 죄수로 지명된 예수와 바나바 중 하나를 놓아 주어야 했다. 누구를 선택하느냐 재판이 벌어지고 있을 때 빌라도의 아내가 사람을 보내 말하기를 "저 옳은 사람에게 아무 상관도 하지 마옵소서 오늘 꿈에 내가 그 사람을 인하여 애를 많이 썼나이다"(마 27:19)라고 했다. 그녀는 꿈을 통하여 예수의 무죄함을 알았다. 그러나 빌라도는 그 꿈을 무시했다. 그래서 결국 비극을 초래하게 되었다. 순간의 실수가 하나님의 아들 예수를 십자가에 못박고 말았던 것이다.

결론적으로, 꿈은 우리의 영적 친구이다. 꿈을 통해서 하나님은 두려움을 주는 것이 아니라 새로운 힘과 확신을 주신다. 그러므로 영적인 성숙을 가져 온다. 꿈은 우리에게 확신, 경고, 안내 또는 지시의 역할을 한다. 따라서 꿈에 대한 깊은 이해력을 가지면 하나님의 뜻을 온전히 알 수 있다.

2. 성경에 나타난 꿈

일상생활에서 꿈은 부인할 수 없는 것이다. 꿈을 꾼 사람들은 그 꿈을 해석하여 마음의 기쁨과 평안을 가진다. 꿈에 대한 연구를 통하여 유명해진 사람들이 많이 있다. 그들은 융(Jung), 머어피(Murphy), 프롬(Fromm), 그리고 정신분석학자로 널리 알려진 지그문드 프로이드(Sigmund Freud)이다. 프로이드는 1900년대에 그의 저서 <꿈의 해석>이란 책을 출판하여 세상을 놀라게 했다.

이와 때를 맞추어 크리스천 작가들도 꿈에 대한 상당한 관심을 가지고 꿈에 대한 자료들을 찾아 나섰지만 성경 외에는 별다른 자료를 얻지 못했다. 신학교의 권위있는 조직신학자 밴크리프트(Bancroft), 벌코오프(Berkhof), 챠퍼(Chafer), 하지

(Hodge), 스트롱(Strong), 디슨(Thiessen) 책에도 꿈에 대한 정의나 설명이 전혀 없다.

따라서 본인은 기독교 사전, 잡지, 신문, 칼럼 등의 자료를 통하여 꿈에 대한 기독교적인 이해를 기술하고자 한다.

구약에서의 꿈

꿈에 대한 히브리어는 '하롬'(CHALOM)이다. 이것은 구약에 64번 기록되어 있다. 킹 제임스 성경에서는 63번으로 번역되어 있고, 나머지 하나는 꿈꾸는 자(dreamer)로 번역되어 있다. 꿈에 대한 내용은 대부분 창세기와 다니엘서에 기록되어 있다. 또한 이들 책을 포함해서 구약 성경 14권에서 나타났다.

꿈에 대한 기록

구약에서는 꿈을 16번(창 20:3, 6; 28:12; 31:10-11, 24; 37:5, 9; 40:5; 41:1, 5; 삿 7:13; 왕상 3:5; 단 2:1; 4:5; 7:1) 기록했다. 야곱은 세 번의 꿈을 꾸었다. 꿈을 두 번씩 기진 사람들은 요셉, 바로, 그리고 솔로몬, 느부갓네살 왕이다. 꿈을 한 번 꾼 사람은 아비멜렉, 라반, 바로의 술맡은 자와 떡굽는 자, 군인이다. 그 외에도 꿈의 대명사로 다니엘이 있다. 이런 사람들을 보면 꿈은 하나님의 백성 뿐만 아니라 이방인에게도 있었다.

구약의 16번 꿈 중에서 10번은 상징적인 것이었다. 이 상징들이 꿈에 나타났을 때 꿈 해석이 필요했다. 꿈에 나타난 상징을 해석한 사람이 요셉과 다니엘이다. 이들은 구약 여러 곳에서 꿈에 대한 상징들을 해석했다. 하나님은 그들에게 꿈을 해석할 수 있는 지혜를 주었다. 요셉은 겸손하게 말하기를 "꿈은 하나님이 도와주지 않으면 해석할 수 없다"(창 40:8; 41:16)고 했다. 다니엘 또한 말하기를 "은밀한 것을 나타내실

자는 하늘에 계신 하나님이다"라고 했다.

꿈꾸는 사람들

구약의 꿈꾸는 사람들에게는 즐거움이 없었다. 구약의 16번 꿈 중에서 8번만이 만족했다. 그것은 꿈꾸는 자의 고민 때문이다. 대부분의 사람들은 꿈을 꾸고 나면 번민이 있었다. 예를 들면, 바로왕이 꿈을 꾸고 나서 그의 마음은 번민에 놓이게 되었다. 느부갓네살 왕은 첫 번째 꿈을 꾸고서 마음에 번민과 괴로움을 찾아와 잠을 이루지 못했다(단 2:1). 그의 두 번째 꿈에서 왕은 이렇게 말했다.

> "한 꿈을 꾸고 그로 인하여 두려워하였으되 곧 내 침상에서 생각하는 것과 뇌 속으로 받은 이상을 인하여 번민하였었노라"(단 4:5).

욥의 꿈 또한 기쁘지 않은 경험을 말해주는 꿈이다.

> "주께서 꿈으로 나를 놀래시고 이상으로 나를 두렵게 하시나이다. 이러므로 내 마음에 숨이 막히기를 원하오니 뼈보다도 죽는 것이 나으니이다"(욥 7:14, 15).

꿈의 목적

구약에서의 꿈은 하나님이 종종 자신의 뜻을 계시하는데 사용하셨다. 하나님은 꿈을 통해서 그의 뜻을 주기로 약속하셨다. 민수기에 분명히 기록하기를 "꿈으로 그와 말하기도 하였거니와"(민 12:6)라고 했다. 욥도 이렇게 말하고 있다.

> "사람은 무관히 여겨도 하나님은 한 번 말씀하시고 다시 말씀하시되 사람이 침상에서 졸며 깊이 잠들 때에나 꿈에나 밤의 이상 중에 사람의 귀를 여시고 인치듯 교훈하시나니"(욥 33:14-16).

구약의 꿈 절반 정도는 하나님이 특별하게 말씀하셨다. 하나님께서는 꿈꾸는 사람들을 통하여 자신의 뜻을 계시하셨다.

우리가 꾸는 모든 꿈이 하나님으로부터 왔다고 말하기는 매우 어렵다. 꿈으로 유혹하는 경우가 있기 때문이다. 아무리 놀라운 꿈을 꾸었더라도 성경에 비추어봐야 한다. 신명기 13:1-5에 우리에게 주는 좋은 교훈이 있다.

하지만 꿈을 통하여 신앙이 흔들리면 이것은 하나님에게로부터 온 것이 아니기 때문에 신중해야 한다. 성경에서는 거짓 꿈꾸는 자들에 대하여 경고하고 있다(렘 29:8; 슥10:2). 분명히 기억해야 할 사실은 꿈이 성경보다 우월하지 않다는 것이다(렘 23:28).

신약에서의 꿈

헬라어에는 꿈에 대한 두 단어가 있다. 그 중 하나가 "오날(ONAR)"이다. 신약에 6회에 걸쳐 나오는데 그것도 마태복음에서 전부 나타나고 있다. 또 다른 히니는 "에눞니온(ENUPNION)"으로 사도행전 2:17에 있다. 이와 비슷한 단어 "꿈꾸는 자"는 유다서에서 찾아볼 수 있다. 따라서 신약에서 꿈에 관련된 책은 마태복음, 사도행전, 그리고 유다서이다.

역시 꿈에 대한 기록은 신약보다도 구약에 더 많이 기록되어 있다. 구약에는 16회이고, 신약은 6회(마 1:20; 2:12-13, 19, 22; 27:19)이다. 신약에 꿈을 꾼 사람은 4번에 걸쳐 꿈을 꾼 요셉과 동방박사들이 있다. 그리고 빌라도의 아내가 있는데 이는 유일하게 여자이다. 흥미로운 사실은 예수님은 꿈에 대해서 언급이 없었다는 것이다. 신약에서는 상징적인 꿈이 없으므로 해석 또한 필요없다. 신약의 16회의 꿈 가운데서 한 번의 꿈은 별로 즐겁지 않은 것이다. 그것이 빌라도의 아내의 꿈이다. 그녀는 많은 애를 썼다고 했다. 괴로웠다는 말이다.
그래서 그녀는 이렇게 말하고 있다.

하나님은 신약에서도 구약처럼 그의 뜻을 전하기 위해 꿈으
로 계시하고 있다. 꿈에 나타난 천사가 요셉에게 그의 아내가
될 마리아를 데려오라(마 1:20)고 했다. 그리고 예수님을 구원
하기 위해 애굽으로 피하라(마 2:13)고 했고, 헤롯이 죽은 뒤
에 이스라엘로 돌아오라(마 2:19)고 했다. 또 갈릴리 나사렛에
머물라(마 2:22)고 했다. 그리고 동방박사들에게 나타나서 헤
롯에게 가지 말라고 경고했다(마 2:12).
구약이나 신약이나 하나님은 거짓 꿈꾸는 자들을 경고하고
있다. 유다는 거짓 꿈꾸는 사람들을 다음과 같이 경고했다.

신약에서 구약의 꿈을 인용한 부분이 있다. 요엘서 2:8을 베
드로가 오순절 성령강림 때 인용했다. 하나님께서 부어 주시
는 성령을 설명하기 위해 베드로가 깨닫지 못하는 백성들을
향해 선포한 내용이다(행 2:16 - 21).

오늘날의 꿈 이해

학자들의 연구 결과에 따르면 꿈은 누구나 매일 밤에 꾼다
고 한다. 이러한 꿈은 정상적이지 못한 혈액순환, 환경의 어려
움, 불편한 잠자리, 과식, 육체의 연약 등 다양한 원인으로 꾼

다고 한다.

그러면 오늘날에도 하나님은 꿈을 통하여 말씀하시는가? 아니면 건강한 상태 또는 모든 환경으로부터의 반사 작용으로 꿈을 설명하겠는가? 의외로 토마스 아퀴나스(Thomas Aquinas)는 기독교인들의 꿈은 하나님으로부터 온다고 믿었다. 그는 신명기 12:6의 "나 여호와가 이상으로 나를 그에게 알리기도 하고 꿈으로 그와 말하기도 한다"라는 말씀을 근거로 주장했다. 뿐만 아니라 "꿈은 미래를 점치는 것이 아니고 하나님의 계시(divine revelation)를 보여 주는 것이라"고 말했다.

고돈(A. J. Gordon)은 꿈이 미래를 계시한다고 전적으로 주장하지 않았지만 토마스 아퀴나스의 말에 동의했다. 결국 토마스 아퀴나스와 고돈은 오늘날의 꿈이 하나님으로부터 온 것을 믿었다.

하지만 현대를 살아가는 기독교인들은 잠자는 중에 꾸는 꿈이 전적으로 하나님과 대화를 나눈다는 것에 의심스러운 시각을 갖고 있다. 반면에 아더 포울러(Arthur B. Fowler)는 "하나님은 꿈으로 그의 뜻을 계시했을 뿐만 아니라 우리에게 주어진 말씀과 성령님의 임재로 우리의 잘못된 꿈을 구별하게 했다"고 했다.

사람들이 말하는 다양한 이론들은 주관적이다. 방언을 못하는 사람은 하나님이 주신 방언의 은사를 소홀히 생각한다. 꿈 또한 마찬가지이다. 꿈이 없는 사람은 꿈에 무관심할 뿐만 아니라 다른 사람들의 꿈을 비판까지 한다. 주님께서는 방언과 꿈을 비판하지 않으셨다. 따라서 우리는 다양한 면에서 하나님의 뜻을 찾아야 할 것이다.

오늘도 여전히 하나님은 자신의 뜻을 꿈과 말씀으로 계시하고 계신다.

　　"모든 성경은 하나님의 감동으로 된 것으로 교훈과 책망과 바
　르게 함과 의로 교육하기에 유익하니 이는 하나님의 사람으로 온
　전케 하며 모든 선한 일을 행하기에 온전케 하려 함이니라"(딤후
　3:16-17).

　하나님은 모든 크리스천들에게 성령을 주셨다(요 16:13; 고
전 6:19-20).

　　"진리의 성령이 오시면 그가 너희를 모든 진리 가운데로 인도
　하시리니 그가 자의로 말하지 않고 오직 듣는 것을 말하시며 장
　래 일을 너희에게 알리시리라"(요 16:13).

　그리고　하나님은 환상과 꿈을 주셨다.

　　"하나님이 가라사대 말세에 내가 내 영으로 모든 육체에게 부
　어 주리니 너희의 자녀들은 예언할 것이요 너희의 젊은이들은 환
　상을 보고 너희의 늙은이들은 꿈을 꾸리라"(행 2:17).

　그렇다. 하나님은 분명히 꿈을 통하여 우리에게 계시하여
주신다. 세계적인 크리스천 작가로 알려진 C. S. 루이스는 많
은 꿈 이야기를 그의 저서를 통하여 말했다.

　그는 1927년에 아버지의 죽음을 그의 꿈을 통하여 알았다.
그는 달빛 가운데 걸어갔다. 흰 바위들이 서있었고 거미들은
바위 틈으로 드나들었다. 구름으로 하늘은 어둡게 되었다. 무
서운 정적이 흘렀다. 그 때 루이스는 매우 좁은 협곡으로 외
인이 내려오는 것을 보았다. 그는 그 외인을 만나기가 싫었지
만 선택의 여지가 없었다. 약 한 시간 정도 외인에게 접근하
여 만났다. 그 외인은 그의 손목을 날카로운 강철링으로 잘랐
다. 그리고 말없이 오던 길로 그를 이끌어 갔다. 달빛은 희미
하게 사라져 갔다.

먼 훗날 루이스는 아버지의 죽음에 대하여 이 꿈 이야기를 했다.

감리교의 창시자 요한 웨슬레 또한 꿈을 인정했다. 그는 꿈이 일어나는 배경을 설명하기를 육체적 상태, 정신적 상태, 선과 악한 천사로부터 꿈은 이루어지고 있다고 했다.

어거스틴도 꿈을 가졌었다. 어거스틴은 꿈에서 어머니 모니카를 찾아갔다. 그 때 어거스틴은 죄악 세상에서 방황하고 있을 때였다. 한 젊은 소년이 울고 있는 여인에게 질문했다. "왜 그렇게 슬프게 울고 있습니까?" 그녀는 설명하기를 아들이 주님을 영접하지 않아서 그렇다고 했다. 그 소년은 모니카에게 "당신의 아들 어거스틴이 죄악에서 돌아올 것을 믿으라"고 했다. 그 때에 모니카는 어거스틴의 회심을 기다리며 기도했다. 결국 그녀의 아들 어거스틴은 하나님의 품으로 돌아왔다.

우리는 손에는 성경을, 마음에는 성령님을, 그리고 무의식(잠)에서는 꿈을 가지고 하나님의 뜻을 분별할 수 있다.

3. 꿈을 정리하는 법

꿈을 꾼 사람이 꿈을 빨리 정리하지 않으면 꿈은 곧 기억에서 사라진다. 무의식에서 일어났던 일이기 때문에 누구나 빨리 기록하지 않으면 놓치게 된다. 그래서 잠자기 전에 침대 옆에 노트와 펜을 꼭 준비해 놓아야 한다. 왜 꿈을 기록해야 하느냐고 반문하는 사람이 있을지 모르겠다.

다니엘의 꿈은 수천 년 뒤에 이루어지고 있다. 하나님께서 아브라함에게 찾아오셔서 아들을 주겠다고 약속하였지만 그로부터 25년 뒤에 이삭이 태어났다(창 15:1-4). 때때로 꿈의 성

취는 수 주일, 수 개월, 수 년이 걸리기 때문에 꿈을 기록해
두지 않으면 우리 머리에서 모두 사라져 버린다. 꿈을 꾼 후
에 정리하는 것도 성의없이 하면 나중에 꿈해석에 많은 어려
움을 가지게 된다. 따라서 여기에 꿈을 정리하는 방법을 소개
한다. 이 방법을 "5W"라고 부른다.

○ 누가(Who)

꿈에 누가 나타났는가? 누가 주인공이었는가? 만약 본인이
등장하였다면 관찰자였는지 참여자였는지를 확인한다.

○ 무엇을(What)

무슨 일이 일어났는지 사건을 요약한다. 또 꿈에 나타난 상
징으로 무엇이 있었는가? 색깔, 숫자, 모형 등 제목은 무엇이
었나? 느낌은? 마지막 분위기가 행복이었는가? 슬픔이었는가?
당신의 상태를 기록한다.

○ 언제(When)

꿈이 일어난 시기는? 과거, 현재, 미래, 밤, 낮, 나이 등을
기록한다.

○ 장소(Where)

꿈이 일어난 장소, 소리, 빛 그리고 장소의 분위기를 살핀
다. 전에 알고 있던 곳인지? 처음 방문한 곳인지?

○ 왜(Why)

꿈이 현재생활과 관련된 것인지? 이 꿈이 계속 진행되고 있
는지? 본인에게? 아니면 다른 사람에게?

마지막으로, 간단하게 꿈의 줄거리를 기록한다. 그리고 시간이 되면 자신의 해석을 간단하게 기록한다.

4. 꿈 해석을 위한 질문

그룹토의를 할 때 꿈 해석을 위하여 몇 가지 기본적인 질문이 필요하다. 질문을 하고 질문을 받는 가운데 성령님의 치료를 받을 수 있다. 왜냐하면 이 꿈이 과거로 돌아갔을 때, 그 과거에 잘못한 것을 잊고 살아온 사람일 경우 질의응답 속에서 생각이 떠올라 과거의 아픈 상처를 치료받을 수 있기 때문이다. 또 죄가 기억나서 그것을 회개함으로 용서받고 용서하게 된다. 가족이나 친구의 꿈을 들었을 때 잠잠하지 말고 대화를 시작하라. 그리고 꿈을 통하여 하나님의 뜻을 찾도록 하라.

ㅇ **꿈에서 깨어났을 때 당신의 기분은 어떠했는가?**
   기쁨, 절망, 두려움, 동기유발

ㅇ **가장 먼저 기억나는 것은 무엇인가?**

ㅇ **꿈의 장소(꿈의 배경)는 어디인가?**
   해변, 지하실, 침대, 야외

ㅇ **꿈에서 본 색깔은 무엇인가?**

ㅇ **꿈의 시기는 언제인가?**
   과거, 현재, 미래

ㅇ 어떤 상징이나 중요한 열쇠가 있나?

ㅇ 기타

5. 꿈 해석의 방법

많은 크리스천들이 꿈을 꾸고 그것을 어떻게 해석해야 할지를 모르고 당황하는 경우를 보았다. 꿈 해석은 알고 보면 아주 쉽고 간단하다. 모든 사람은 날마다 삶의 경험이 축적되기 때문에 그런 지식과 경험으로도 얼마든지 꿈을 해석할 수 있다. 다음은 꿈해석에 도움이 되는 간단한 방법을 소개한 것이다.

첫째, 꿈을 해석하기 위하여 꿈을 반드시 기록해야 한다. 왜냐하면 곧 잊어버리기 때문이다. 그리고 제일 먼저 자신에게 물어 보아야 한다. "이 꿈이 나에게 말하는 것이 무엇인가?"

둘째, 꿈은 계시이므로 그것을 숨기지 말고 반드시 확인해야 한다. 그리고 꿈에 담긴 느낌과 방향을 살펴보아야 한다.

셋째, 꿈의 정도에 관계없이 꿈에서 어떤 의문점을 얻었다면 최근의 당신의 삶을 되돌아 보아야 한다.

넷째, 꿈의 시기가 당신의 어린 시절이라도 이 꿈이 현재의 나의 삶과 어떤 관계가 있는지 점검해야 한다.

위의 4가지는 아주 기초적인 꿈해석 방법이다. 항상 기억해야 한다.

꿈은 육체적 건강과 연관되어 때때로 임박한 죽음을 알려주기도 한다. 만약 우리가 죽음을 경험한다면 그것은 커다란 정신적 변화를 요구하고 있는 것이다. 변화는 새로운 발견을 위하여 죽음을 꿈에서 보여주기도 한다. 육신의 죽음은 여러 가지 상징으로 나타나고 있다. 예를 든다면 말이 죽어가는 꿈은 육체적인 힘이 없어지는 것이다. 그리고 바다에서 배가 난파하는 꿈은 자신의 삶에 대한 갈등을 보인 것이다.

어떤 분이 8년 간 병환으로 고생하다가 죽는 꿈을 꾸었다. 그는 꿈이야기를 자기 부인에게 하였고 그것을 노트에 기록하게 되었다. 그 부부는 꿈을 통하여 죽음이 임박했다는 것을 알았다. 그런 일이 있은 후 일주만에 세상을 떠났다. 그는 평화로운 죽음을 맞이했다.

꿈에서 그는 거실에 있었다. 그 때 그가 본 방들은 바뀌고 바뀌었다. 그 옛날 어린시절에 살던 방, 10년 전에 살던 방, 현재 살고 있는 방 등 과거와 현재를 오가며 많은 방들을 보았다. 그가 본 방들은 시대별로 그의 나이를 나타낸 것이다. 마지막으로 그는 자기가 현재의 거실 소파에 누워있는 것을 보았다. 그리고 그는 계단에서 내려왔고 거기에는 의사가 있었는데 그의 말이 "그는 세상을 떠났디"는 것이다. 그리고 주위에 있는 사람들이 희미하게 사라졌다. 그는 시계를 보았는데 그 시계는 이미 멈추어졌고 시계 뒤에 있는 창문이 열렸다. 문을 통하여 밝은 빛이 들어왔고 문이 더 크게 열리더니 휘황찬란한 빛은 길을 만들었다. 그곳으로 그는 걸어나갔고 보이지 않았다.

지금까지 그의 생활의 재현은 남이 아닌 본인 자신과 관련했다. 시계의 멈춤은 그를 위한 시간이 끝났다는 것이다. 반면에 빛의 길이 열리는 것은 죽은 후 그의 삶이 계속된다는 말이다. 이처럼 꿈은 항상 자기 자신과 연관이 있다는 것을 기억해야 한다.

6. 꿈의 5가지 유형

크리스천들이 경험하는 꿈은 대개 5가지 유형으로 구별할 수 있다.

(1) 생각나게 하는 꿈

우리는 우편물을 잘 챙겨야 하는데 지나쳐버릴 때가 많다. 그래서 날짜가 지나서 세금을 더 부과하는 경우가 있다. 꿈을 꾸었는데 휴가를 떠나는 꿈이다. 그런데 나는 여권을 갱신하지 못했고, 챙겨야 할 소지품을 잊고 떠났다. 이것은 여행을 떠나기 전에 다시 한번 모든 것을 확인해 보라는 신호이다. 만약에 이렇게 생각나게 하는 꿈을 무시해 버린다면 나에게 많은 손해가 돌아온다는 뜻으로 해석할 수 있다.

종종 우리는 중요한 결정을 해야 하는 어려운 상황에 처한 사람들을 꿈에서 만난다. 이것은 하나님이 우리에게 잊지 말고 기도해 주라는 신호이다. 이 신호를 무시하면 우리가 꿈에서 본 그 사람들은 어려움에서 헤어나지 못하고 만다.

성경에서도 여러 군데 이런 예를 보여 주고 있다. 아브라함에게 하나님은 "열국의 아비"라는 약속을 생각나게 하였다(창 15:1-6, 12-16). 하나님은 솔로몬의 두 번째 꿈에서 불순종의 결과에 대한 책임을 생각나게 했다(왕상 9:2-9; 왕상 3:5-15). 이 외에도 창세기 28:11-16와 사사기 7:13-15을 읽어보라.

(2) 경고하는 꿈

꿈 속에서 많은 사람들이 계단에서 넘어지는 것과 자동차

사고를 당하는 경험을 한다. 이것은 경우에 따라 실제적으로 일어나기도 한다. 우리는 이러한 것에 조심스럽게 대처를 해야 한다. 계단을 오르내릴 때 조심하고, 운전하는 습관이 나쁠 때 그것을 고치는 지혜가 필요하다. 만약 카페트가 찢어져서 그냥 버려둔다면 누구에게 어떤 일이 일어날지 아무도 예상 못한다. 따라서 이러한 상황을 보았을 때 즉시 점검하여 수리하고 보안하는 일을 해야 한다. 경고의 꿈은 어떤 문제와 관련을 가지는데 하나님은 우리가 그것을 무시하지 아니하면 그 문제를 해결하도록 도와주신다.

창세기 31:24에 하나님은 야곱의 외삼촌 라반에게 나타나서 "너는 삼가 야곱에게 선악간 말하지 말라"고 했다. 또 마태복음 1:20(참조 마 2:12, 13, 22)에서도 주의 사자가 나타나서 "다윗의 자손 요셉아 네 아내 마리아 데려오기를 무서워말라…"고 했다. 만약 목수 요셉이 이 꿈을 무시했다면 어떤 일이 일어났겠는가 상상해 보라. 이 외에도 하나님이 아비멜렉 왕에게 경고한 꿈이 있다(창 20:2-7).

다음은 초대교회의 교부 중 한 사람인 제롬의 꿈이다.

갑자기 나는 성령에 사로잡혀 하나님의 심판대 앞에 끌려갔다. 거기에는 눈으로 볼 수 없는 빛이 있었고 보좌는 오색찬란한 불빛으로 둘러싸여 있었다. 나는 심판대 앞에 던져졌고 눈이 부셔서 고개를 들 수 없게 되었다. 그 때 한 소리가 나기를 "너는 누구이며 무엇을 하다 왔느냐?"고 물었다. 나는 대답하기를 "나는 크리스천입니다"라고 했다. 그 때 심판하시는 분이 말하기를 "너는 거짓말을 하고 있다"고 했다. 그러면서 "너는 시세로(Cicero)의 동료이지 그리스도의 형제가 아니라"고 했다.

즉각적으로 나는 버림받았고 심판자는 나에게 천벌을 내렸다. 따라서 나의 몸은 매로 다스려졌고 나는 양심의 불로 인해 큰 고통을 당했다. 그 때 나는 울면서 긍휼을 베풀어 달라고 호소했다. 나의 울음은 채찍과 함께 크게 울려 퍼졌다. 드디어 구경꾼들은 몰려들었고 심판대 앞에 있는 나를 내려다 보았다. 나는 나

릌 용서해줄 것을 계속 요구했다. 결국 나의 회개로 다시 살 수
있는 기회를 얻었다. 주위에 서 있던 사람들은 나에게 부탁하기
를 다시는 이단들이 행하는 일을 돕지도 말고 그들의 책을 읽지
도 말라고 했다. 나는 하나님의 이름으로 맹세했다. 전에는 내가
이단의 책을 읽었고, 그들의 일을 돈을 받고 도와주었지만 이제
부터는 다시는 그런 짓을 하지 않겠다고 다짐했다. 이러한 맹세
로 나는 풀려났다.

제롬이 이 꿈에서 깨어났을 때 그의 눈에는 눈물이 고여 있
었다. 그때부터 그는 사람들의 책, 즉 철학책 같은 고서를 읽
지 아니하고 하나님의 말씀을 읽기 시작했다. 그는 고전을 연
구하기보다는 성경을 연구했다. 후에 그는 성경을 라틴어로
번역하였다. 로마제국의 사람들이 읽을 수 있는 언어로 성경
을 번역했던 것이다. 이것을 오늘날 우리는 "벌게이트(Vulgate)
성경"이라고 부른다.

(3) 예언적인 꿈

미래의 사건에 대한 꿈을 경험하고 나서 그것이 그대로 이
루어지는 것을 볼 때마다 놀라움을 금치 못한다. 창세기
37:5-11에 어린 요셉의 예언적 꿈이 결국 이루어졌다. 그를
미워하던 형들이 꿈대로 요셉 앞에 가서 무릎을 꿇었다(참
조 창 31:10-13; 눅 1:11-20).

나단 선지자가 잠자고 있는데 하나님의 말씀이 임하여 다윗
왕의 아들이 하나님의 성전을 건축할 것이라고 했다(삼하
7:4-17). 사도 요한 또한 그가 본 미래의 이상은 하나님이 원
수들을 다 멸할 것이라는 것이다(계 9:17). 따라서 예언의 꿈
을 가진 사람들은 그것을 놓고 말하기보다 더 많은 기도를 해
야 한다. 다음은 아브라함 링컨(Abraham Lincoln)의 꿈이다.

때는 1865년이다. 미국 16대 대통령 아브라함 링컨이 백악

관에서 잠을 자고 있었다. 그 때 꿈에서 사람들이 흐느끼며 우는 소리를 들었다. 그는 소리를 따라서 계단을 내려갔고 한 사람이 죽어 관에 들어있는 것을 보았다. 그래서 그는 관 속에 들어있는 사람을 보려고 했지만 그의 꿈에서 사라졌다. 링컨은 궁금해서 옆에 서있는 경호원에게 관 속에 죽어있는 사람이 누구인가를 물었다. 경호원은 대답하기를 관 속에 있는 사람은 총에 맞아 죽은 미국의 16대 대통령이라고 했다. 이 꿈을 꾼 후 얼마있다가 아브라함 링컨은 암살되었다.

또 한 사람은 우리가 잘 알고 있는 아돌프 히틀러(Adolph Hitler)의 이야기이다. 그는 젊은 병사 시절 참호 속에서 꿈을 꾸었다. 그의 삶은 철과 먼지로 뒤덮여 살아가고 있었다. 그리고 그는 자신의 가슴으로부터 피가 흘러내리는 것을 보았다. 그가 꿈에서 깨었을 때 참호 안의 공기는 매우 차가왔다. 이런 꿈을 꾼 후 몇 해가 지나서 그가 있었던 참호에 포탄이 쏟아졌고 많은 사람들이 죽었다.

(4) 반복적인 꿈

잠자는 가운데 우리는 반복되는 꿈을 종종 꾸게 된다. 이 꿈이 때로는 기쁨을 주기도 하지만 괴로움을 주기도 한다. 창세기 41:1-7에 바로왕은 임박한 기근에 대한 꿈을 반복적으로 꾸었다. 느부갓네살 왕 또한 반복적으로 꿈을 꾸었다. 이것은 세상 지도자들이 자기의 책임을 다할 시기라는 신호이다(단 2:1).

때는 1912년이다. 타이타닉(the Titanic)호라고 하는 배가 영국에서 뉴욕으로 떠날 때였다. 그 때 한 소녀가 꿈을 꾸었다. 그 소녀는 자기 집 옆에 있는 길을 걷고 있었다. 그 때 그는 거대한 배가 가라앉는 꿈을 꾸었다. 그 소녀는 사람들의 비명소리에 잠에서 깨어났다. 그녀는 다시 잠을 청하였다. 똑

같은 꿈이 다시 반복하여 일어났다.

또 타이타닉호를 타기 위해 예약하여 놓은 사람이 꿈을 꾸었다. 그는 자기가 타려고 하는 배가 그의 꿈에서 기울어져 물 속에 잠기는 것을 서너 번 꾸었다. 그 때 사방에서 사람들의 비명소리를 들었다. 따라서 그는 그의 예약을 취소하고 그 배를 타지 않았다. 이러한 꿈이 있은 며칠 후 타이타닉호는 침몰되었고 1500명의 사람들이 죽었다.

(5) 악몽

꿈에는 보통 두 가지 면이 있다. 하나는 두려움과 불안을 주는 꿈이고, 또 다른 하나는 기쁨과 기대감을 갖게 하는 꿈이다.

악몽은 기분좋은 꿈이 아니다. 악몽을 꾸고 나면 심적 부담이 오고 불안을 느끼게 된다. 성장기 시절에 꾸었던 뭔가에 쫓기는 꿈이라든지 개나 사자에게 물리는 꿈 등은 일종의 악몽이라고 할 수 있다.

욥기 7:14에 "주께서 꿈으로 나를 놀래시고 이상으로 나를 두렵게 하시나이다"라고 했다. 욥은 계속해서 말하기를 "사람이 침상에서 졸며 깊이 잠들 때에나 꿈에나 밤의 이상 중에 사람의 귀를 여시고 인치듯 교훈하시나니 이는 사람으로 그 꾀를 버리게 하려 하심이며 사람에게 교만을 막으려 하심이라"(욥 33:15-17)고 했다.

느부갓네살 왕 역시 꿈을 꾸고 나서 두려움과 번민에 휩싸였다(단 4:5). 신약에서 빌라도의 아내의 꿈 또한 마음에 괴로움을 주었다.

> "…오늘 꿈에 내가 그 사람(예수)을 인하여 애를 많이 썼나이다"(마 27:19).

이처럼 꿈은 항상 기쁨만을 주는 것이 아니라 마음의 괴로움도 주고 있다. 우리는 이 모든 꿈을 주의깊게 생각하며 나 자신을 뒤돌아 보아야 한다.

1945년 윈스턴 처질(Winston Churchill)은 꿈을 꾸었다. 그는 침대 위에 깔린 흰 천 위에 자신의 죽은 몸을 보았다. 그 몸의 생명은 끊어졌다. 다음 날 그는 죽지 않았다. 하지만 그는 선거에서 낙선했다. 같은 해에 독일군 수용소에서 죄수 하나가 꿈을 꾸었다. 그 꿈은 그가 3월 30일에 풀려나는 꿈이었다. 그는 그 꿈을 확신했다. 그러나 그는 풀려나지 않았고 3월 31일에 죽음을 맞이했다.

7. 꿈의 시작

구약에서의 꿈은 아브라함과 함께 시작한다. 또한 유대인들의 역사는 아브라함의 고향인 갈대아 우르(옛바벨론)로부터 시작한다. 우르는 유브라테스강 위에 있는 번영하는 도시였다. 그곳 사람들은 일찍이 전쟁에 사용하는 무기를 만들었다. 그 당시 철은 아주 귀한 것이었는데 힛타이트 사람들(the Hittites)은 이미 철을 녹이는 비밀을 알고 있었다. 그 때 우르의 사람들은 우상을 섬겼다. 그들은 해와 달과 별에게 경배했다.

이러한 환경 속에서 아브라함과 그의 가족들은 다른 부족과 더불어 옛도시 한쪽에 끼어 살았다. 그들은 목자들이 거하는 텐트에서 생활했다. 큰 민족이나 큰 도시가 아닌 작은 부족이나 가족 단위로 살았다. 그들의 방랑생활은 물과 목초지를 따라 움직였다. 그들의 방향은 북쪽을 향하였으며, 가나안 땅(팔레스틴)과 애굽(이집트)으로 들어갔다. 그래서 그들의 문명은 애굽과 메소포타미아가 중심이었다. 아브라함의 아버지 데라는 메소포타미아에 있는 하란(이라크)이라는 동네까지 이동해 왔다.

아브라함 생애의 놀라운 사건은 하란에서 조상적부터 섬겨오던 그의 아버지의 신을 버린 것이었다. 그리고 독립된 생활로 출발했다. 아브라함은 그의 아버지가 죽었을 때 그 부족의 지도자로 등장했다.

아브라함의 아버지 데라가 죽자 이때부터 아브라함은 창세기 12장에서 하나님께서 그에게 말한 약속의 말씀을 실천하기 시작했다. 약속이란 "내가 너로 큰 민족을 이루고 네게 복을 주어 네 이름을 창대케 하리니 너는 복의 근원이 될지라"(12:2)이다. 이같은 축복은 하나님과 아브라함 사이에 특별한 관계를 보이는 역사적 사건의 시작이다. 나중에 꿈들은 이러한 관계를 유지하게 하는 중요한 역할을 하였다.

결국 아브라함과 그의 가족들은 하란을 떠나 가나안에 들어갔다. 거기에서 그들은 자기들보다 우수한 전쟁 무기를 가지고 성을 지키는 사람들을 보았다. 이 사람들은 바알을 숭배했다. 이때 아브라함은 하나님이 그에게 하신 "내가 이 땅을 너의 후손에게 줄 것이다"(창 12:7)라는 말씀을 생각했다. 여기서 아브라함은 첫번 제단을 하나님께 쌓았다. 여전히 아브라함의 사람들은 땅을 차지하지 못했기 때문에 텐트에서 잠자며 물을 찾아 목초지를 찾아 길을 떠나곤 했다. 가나안의 헷타이트 족속에게 속한 한쪽의 땅을 무덤을 위하여 샀는데, 그것이 유일하게 그들이 차지한 땅이었다(창 23장).

아브라함은 꿈과 비전을 통하여 영적인 삶을 알았다. 오늘날도 크리스천들은 꿈과 비전을 통하여 영적인 세계를 확실히 알 수 있다. 요즘 영적인 세계를 무시하고 눈에 보이는 발전만을 자랑하는 사람들이 있다. 마음의 깊은 반성이 있어야 한다. 문명에 앞서 먼저 기도하는 사람이 성공할 것이다.

꿈과 비전은 밤에 혹은 낮에 잠자는 가운데서 나타난다. 이러한 영적인 경험들을 보면, 하나님과의 대화, 천사와의 만남, 계시를 받는 것 등이다.

성경적인 꿈은 계시를 통하여 하나님으로부터 오는 특별한 꿈이다. 우리가 매일 꾸고 있는 꿈과는 다르다. 따라서 우리는 정확한 방향을 찾기 위하여 꿈들을 잘 이해해야 한다. 비판만 할 것이 아니라 이것을 통하여 배우고, 하나님이 일하시는 방법을 알고, 치료받고, 우리의 방향을 찾아야 한다.

우리는 꿈을 통하여 하나님과의 더 깊은 관계를 유지하며 더 높은 영적 생활이 이루어지길 기대한다. 성경에서 보여주는 꿈의 예들을 잘 살펴보고 배우고 믿고 따라야 할 것이다. 오늘날도 우리는 때때로 주님께서 꿈을 통하여 말씀하시고 그분의 뜻과 목적을 계시하는 것을 경험하게 된다.

1900년대에 <꿈의 해석>이라는 책을 출판함으로 꿈의 아버지로 불린 프로이드는 최초로 과학적인 꿈의 연구를 시도한 사람이다. 그의 꿈 해석은 대부분 성에 관련되었다. 따라서 무의식에서 일어나는 꿈은 보통 성관계와 밀접한 관계를 가졌다. 그의 꿈의 상징적 해석은 너무 인간의 성적 용어가 많아 거룩한 하나님의 꿈이야기에 함께 거론할 수 없어 제외시키고자 한다.

오늘날에 꿈 하면 두 번째 인물로 떠오르는 사람이 칼 융(Carl Jung)이다. 융은 처음에 프로이드와 함께 일했다. 그러나 그와 다른 견해를 갖고, 다른 방향으로 나갔다. 융은 꿈을 자연적인 사건으로 믿었다. 따라서 그는 꿈을 해석하는 데 문화적 방법을 사용하였다. 모두에게 공통된 해석을 적용한 것이 아니라 개인의 꿈마다 그들 개인의 경험을 중요시 했다.

그는 은유적으로 사람들의 생각들을 건물로 표현했다. 현관에 있는 방(의식), 뒤편에 있는 방(기억), 그리고 창고(무의식) 등으로 표현했다. 따라서 집단적 무의식은 건물에 있는 여러 방들을 의미한다. 그래서 융은 항상 건물로써 집단적 무의식을 가지고 꿈 해석에 나섰다. 그는 인간의 내면에서 일어나는 긍정적인 면과 부정적인 면 모두를 수용하였다.

프로이드와 융 사이에 재미있는 이야기가 있다. 어느 날 융이 프로이드에게 꿈 이야기를 했다. 꿈의 내용인즉 융은 꿈에서 자기 손 안에 계란을 잡고 있었다고 했다. 프로이드는 이 꿈을 듣고 나서 해석하기를 "당신의 꿈의 상징은 매우 분명하게 나타나고 있다. 당신은 지금 성적 성취를 강하게 느끼고 있다"고 했다. 융은 이어서 대답하기를 그 계란은 스크램블(계란에 버터를 넣고 휘저어 익힌 요리)이라고 했다는 우스운 이야기이다.

세상이 말하는 사람들의 꿈 해석과 그에 관련된 이야기를 말하려면 끝이 없다. 나는 여기서 세상 학문이 말하는 꿈에 대한 이야기는 묻어두고 성경에 나타난 꿈, 하나님이 준 꿈을 통하여 우리들에게 게시한 부분들을 얘기하고자 한다.

8. 꿈꾸는 시기

사람들은 대개 밤에 잠자는 가운데 5번에서 7번의 꿈을 꾸지만 아침에 일어날 때 모두 잊어버리기 때문에 하나도 기억하지 못한다. 과연 꿈이 어떻게 이루어지고 있는지 전기 측정기로 뇌파(brain-wave)의 움직임을 조사해 보았다. 놀랍게도 뇌의 반응은 아래와 같이 4단계로 나타났다.

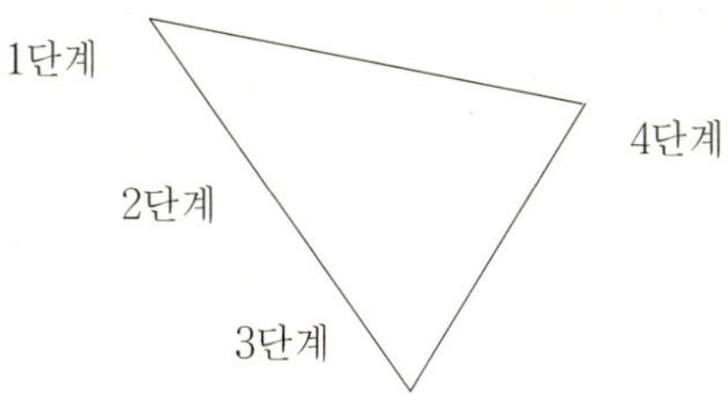

　1단계는 하나의 최면상태에 들어가 있는 상태이다. 이 상황은 깨어있는지 자고 있는지 알기가 어려운 상태이다. 2와 3단계는 완전히 잠에 떨어진 상태이다. 마지막 4번째 단계는 우리가 꿈을 느낄 수 있는 시기이다. 이때 꾼 꿈은 생생하게 기억할 수 있다. 연구가들의 말에 의하면 이 시기는 눈운동이 다른 때보다 빠르게 나타난다고 한다. 그래서 이 시기를 우리는 렘(REM)이라고 부른다. 매번 잠자는 단계는 전기 측정기에 의해서 뇌의 운동이 분명하게 나타났다.

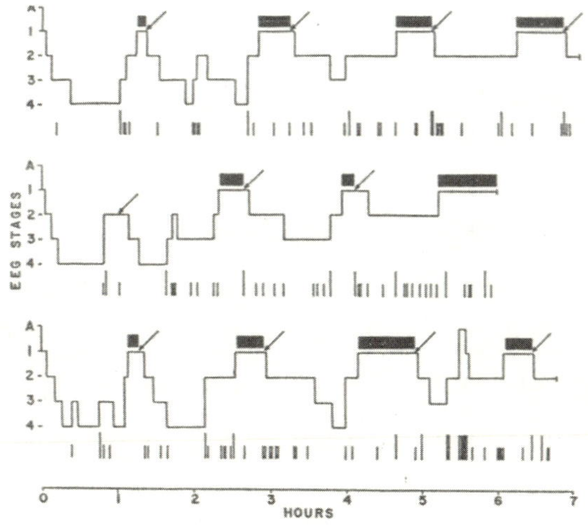

다음은 데멘트(W. Dement)와 클레이트만(N. Kleitman)이 잠자는 중에 뇌파전위 기록장치를 통하여 눈운동과 몸의 움직임, 그리고 꿈에 대하여 연구한 것이다.

위의 그림은 밤에 잠자는 사람들을 시험한 뇌파전위 기록장치에 나타난 것이다. 뇌파전위 기록장치(the electroencephalogram)를 우리는 EEG라고 부른다. 수평으로 된 검정 막대기는 빠른 눈운동(rapid eye movement)을 표시한 것이다. 이것을 REM이라고 부른다. 이 REM 시기에 사람들은 꿈을 많이 꾼다. 수직으로 그어진 맨 아래의 선들은 잠에서 움직이는 몸의 운동을 나타낸 것이다. 길게 뻗은 수직선들은 몸전체가 움직이는 상태를 표시한 것이다. 짧게 뻗은 수직선들은 몸의 작은 움직임을 지적한 것이다. 날아가는 화살은 EEG의 시작과 종결을 나타낸 것이다. 끝으로 아래에 나타난 숫자는 잠자는 시간을 나타낸 것이다.

왼쪽 위에 나타난 EEG 단계는 다음과 같다.

1단계:낮은 전류에서 불규칙하게 빠르고 느린 모양으로 뒤섞여 나타났다.

2단계:역시 낮은 전류의 배경에서 잠의 축이 매 12-14초마다 나타나는 특징을 보였다.

3단계:높은 진폭이 중간에 나타나고 잠의 축이 천천이 활동했다.

4단계:높은 진폭들이 천천히 활동했다.

이러한 사실들로부터 한 가지 중요한 것을 지적한다면 대부분의 중요한 꿈은 잠에서 깨기 바로 직전에 발생한다는 것이다. 정확히 말하면 눈을 뜨기 전 보통 15분에서 90분 전에 꿈을 꾼다는 것이다. 다음 그림은 잠자는 가운데 호흡작용과 비교한 것이다.

이미 말하였듯이 대부분의 꿈은 REM에서 일어난다. 위의 가로로 놓여진 검은 막대처럼 보이는것은 REM 시기에 눈운동을 나타낸 것이다. 깨어있는 사람이 눈을 뜨고 사방을 두리번거리는 것처럼 반응을 보인 것이다. 이 시기는 꿈에서 여행을 하든가 또는 사방을 돌아다니는 시간이다. 쉽게 말하면 이때가 바로 꿈꾸는 순간이다. 다양한 호흡작용은 잠자는 시기에 일어난 것이다. 세로의 선들은 5분마다 지속적으로 나타난 호흡작용이다. 이 뇌파전위 기록장치(EEG) 4 단계와 호흡작용(RESPiration)은 매우 흥미로운 사실을 보이고 있다. REM, 즉 꿈꾸는 시기는 호흡작용이 점점 더 상승하는 것을 볼 수 있다. 그러나 그 외에는 모든 것이 규칙적으로 활동했다. 심장박동수, 근육의 움직임, 몸의 체온 그리고 EEG 에도 특별한 반사작용이 없었다.

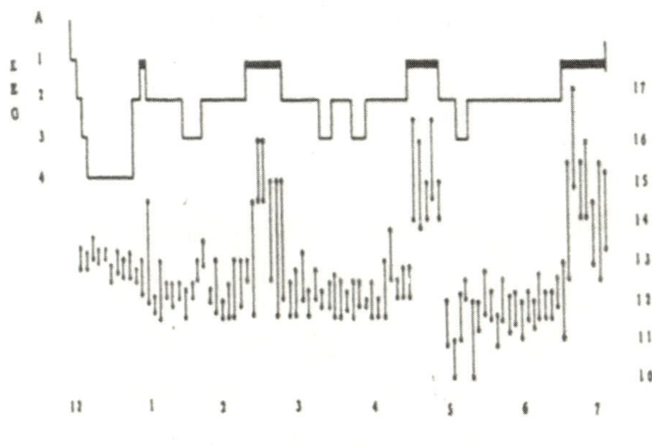

9. 꿈과 우측 뇌의 관계

우측 뇌의 기능은 그림이라고 할 수 있다. 이것은 우리의 꿈에서 영화의 한 장면을 보는 것과 같다. 이러한 현상들은 무의식에서 직관적으로 뇌를 자극하기 때문에 일어난다. 반면에 좌측 뇌의 기능은 언어이다. 이것은 논리적으로 모든 것을 판단하게 한다. 이러한 양측 뇌가 동시적으로 활동하게 될 때는 풍부한 상상력과 사고력을 창조한다.

교통사고로 뇌를 다쳤을 때 좌측 뇌를 다친 사람은 언어 기능이 마비되고 우측 뇌를 다친 사람은 사물의 인식 기능에 장애가 온다. 심리학자 로버트 에반스 오른스테인(Robert Evans Ornstein)과 그의 동료들은 우측 뇌와 좌측 뇌를 연구하였다. 그들이 발견한 좌측 뇌의 기능은 언어적, 논리적, 수리적, 직선적, 과학적이었다. 반면에 우측 뇌의 기능은 공간적, 예술적, 우회적, 직관적, 창조적, 감정적, 종교적이라고 했다.

우측 뇌의 기능을 꿈과 연관을 시켜 보면 여기서는 영상적(visual), 비언어적(preverbal), 비이성적(nonrational)인 기능으로 기초를 이루고 있다. 우측 뇌의 기능에서는 비판적이나 논리적인 면을 찾지 못한다. 인간의 이성적 사고는 인간의 무의식의 세계를 측정할 수 없다. 깊은 바다 밑은 우리의 무의식과 같다. 이 무의식의 세계는 꿈으로 탐구할 수 있는 영역이다.

보통 꿈에서는 어려운 수학문제를 풀지 않는다. 따라서 수리적 기능을 가진 좌측 뇌는 환상을 보는 우측 뇌의 기능을 대행할 수 없다. 분명한 것은 좌측 뇌의 기능인 언어적, 수리적, 논리적인 것이 미래의 비전을 보는 우측 뇌를 앞서지 못한다는 사실이다. 우측 뇌는 매우 적은 언어를 사용하지만 거기서 사용하는 언어는 강도 높은 힘을 보인다. 우측 뇌에서 사용되는 많은 언어들은 좌측 뇌로부터 지원을 받는다. 그렇기 때문에 꿈 속에는 풍부한 언어를 구사할 수 있다. 경험해 본 사람도 있겠지만 이것은 때때로 영어를 하는 사람과 대화를 하기도 한다.

우측 뇌는 아름다운 그림에 익숙해 있다. 따라서 우측 뇌가 발달한 어린이는 시청각 교재, 즉 그림책같은 도구를 사용하면 큰 효과를 얻을 수 있다. 우리 교회에 5살 짜리 남자 아이가 있다. 이 아이는 성경을 암송하라고 하면 머리를 쥐어뜯으며 괴로워하면서 억지로 외운다. 그러나 그의 관심은 자동차인데 신문이나 잡지책이나 자동차 회사 선전용 팜프렛에 나오는 차들은 외우라고 하지도 않았는데 자동차 이름에 대하여는 그의 아버지보다 더 잘 알고 있는 것을 보았다.

예전에 장년 동계 수련회에 참석한 일이 있다. 우리는 4그룹으로 나누어 활동했는데 나는 3번째 그룹에 들어가게 되었다. 그 때 우리 그룹에 화가 한 분이 있었다. 그룹활동은 강사가 20분 강의를 하고 나면 5분간 토의를 하고 그 내용을 요약해서 그림을 그리는 것이다. 그 때 화가는 그룹 토의시간에는 잠잠하다가 그림 그리는 시간만 되면 정신을 차리고 열심히 그림을 그리는 것을 보았다. 이 분은 확실히 좌측 뇌보다 우측 뇌가 발달되었음을 쉽게 알 수 있었다.

우측 뇌의 사람들은 하룻밤에 세계 여행을 다녀온다. 로버트 루이스 스티븐슨(Robert Louis Stevenson)과 토마스 데퀸시(Thomas Dequincey)는 놀랍게도 꿈에서 경험한 세계여행을 기술하고 있다. 그들이 기록한 꿈을 보면 온 세계를 여행하고 있다. 그리던 유럽과 미국 그리고 멕시코를 간다. 전에 그들이 가지 못했던 지역을 비행기로, 배로, 자동차로 가서 친구와 가족을 만난다. 모든 종류의 교통수단을 이용하면서 말이다. 그들이 보는 광경은 실제 세계에서 보는 것보다 더 화려하고 아름다운 장면들을 프리즘을 통하여 보는 것처럼 본다. 하룻밤에 꾼 꿈이 과거와 미래를 타임머신을 타고 자유자재로 오가듯이 여행을 한다.

신체구조를 연구하는 학자들은 왼쪽 팔과 발은 우측 뇌에 영향을 주고 오른쪽 팔과 발은 좌측 뇌에 영향을 준다고 한다. 그렇다면 우리의 왼쪽 손은 상상력으로 우리의 미래를 잡고있는 것이고 우리의 오른쪽 손은 이성적으로 오늘의 현실을 판단하고 있는 것이다.

10. 꿈과 치료

꿈에서 일어나는 일들은 종종 우리의 정신과 신체의 장애를 치료할 수 있는 능력을 갖는다. 한 마디로 말해서 꿈은 치료약이다. 왜냐하면 꿈은 에너지, 즉 힘을 공급하여 주기 때문이다. 우리가 꿈에서 힘을 잃는 경험을 하면 일단 정신적으로 좌절한다. 좌절의 기분은 외딴 섬에 힘없고 외롭게 서 있는 모습이고 도망칠 수 없는 처지에 놓인 상황이다. 그래서 꿈은 종종 두려움으로 나타난다. 우리는 꿈에서 희망적이지 못한 어두움을 볼 수 있다. 꿈은 그 자체가 악하지 않다. 어두움과 악한 힘은 우리들에게 위협을 주기도 하지만 무의식 세계에서 나타나는 악을 위험하다고 단정할 수는 없다.

반면에 용기를 얻는 꿈은 현실생활에서 우리에게 도움이 된다. 왜냐하면 꿈의 상상력은 힘을 가져다 주기 때문이다. 무의식 세계는 거대한 에너지 창고와 같다. 무의식은 의식보다 더 강한 에너지를 가지고 있다. 그것은 천연자원이 바다 안에 엄청난 에너지로 매몰되어 있는 것과 같다. 따라서 우리가 꿈꾸는 무의식의 세계는 무한한 잠재적인 능력이 있는 것이다. 따라서 이러한 무한한 능력을 개발하기 위해 꿈에 대한 관심과 기록이 우리의 삶에 필요하다. 꿈에 대한 관심은 에너지 전문가들이 바다에 관심이 있는 것과 같다고 할 수 있다.

  꿈은 무의식에서 의식으로 힘을 이끌어낼 수 있다. 꿈의 발견은 무의식의 힘을 의식으로 가져오게 한다. 따라서 우리가 무의식에 대한 관심과 노력이 없다면 힘을 얻을 수 없다. 에너지 즉 힘은 정지하고 있는 것이 아니라 움직이는 것이다.

  쉽게 말해서 힘은 무의식에서 의식으로 흘러가는 것이다. 이것은 정적이 아니라 동적이라는 것이다. 따라서 전달과정에서 한 가지만 문제가 생겨도 힘의 공급은 중단될 수밖에 없다.

  다음은 무의식의 세계에서 일어나는 꿈을 분석한 것이다. 이 꿈은 자아와 꿈의 중심점을 연결시키고 있나. 이것을 "자아중심축"이라고 한다.

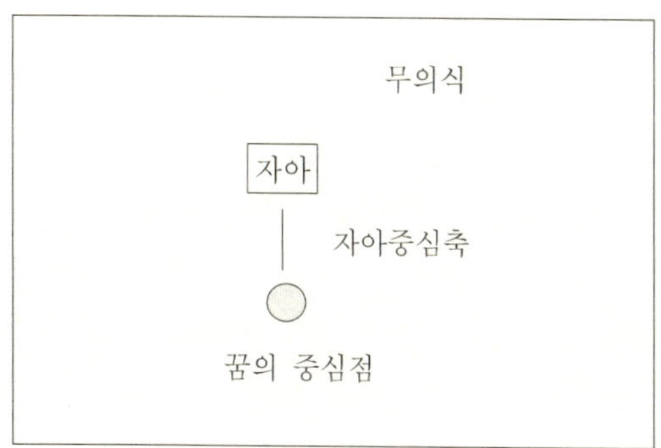

자아는 작은 네모이고 큰 네모와 자아중심축 사이는 무의식의 세계이다. 무의식은 우리생활에서 나타나는 모든 것의 근원이 될 수 있다. 자아는 무의식 안에 있고 자아중심축도 무의식 안에 있다. 꿈의 중심점 또한 무의식의 세계 안에 있다. 꿈은 자아중심축에서 만들어진다.

꿈이 무의식의 세계에서 만들어져 의식으로 나타나는 과정은 학자들마다 견해가 다를 것이라 생각한다. 하지만 분명한 것은 꿈이 무의식에서부터 온다는 것이다. 이것이 현실로 표출되는 것이다.

나는 유학생활 중 정신적으로, 육체적으로, 경제적으로 어려움이 많았다. 한 번은 입과 혀가 심하게 터져서 음식물은 물론 말을 하기가 너무 불편하고 고통스러워서 설교도 전도사님에게 부탁한 일이 있었다.

그 때 의료보험 카드가 없어서 병원을 가지 못하고 약방을 찾아가서 상담을 하였다. 약사는 심한 상처를 보고 "당신은 얼마나 신경을 쓰며 공부를 하기에 몸이 이렇게 되었느냐?"고 물었다. 그러면서 몸 속에 비타민 B가 부족해서 외부로 나타나는 증상이라고 했다. 밤에 꾸는 꿈 또한 마찬가지이다. 우리의 현실을 가장 정확하게 알 수 있는 것은 하나님이 계시하여 주는 꿈으로 우리가 모르는 병의 원인이나 삶에 일어나고 있는 크고 작은 일을 찾아낼 수 있다.

꿈을 통한 치료는 무의식의 세계를 탐구하지 않으면 의식의 발전과 성장 그리고 변화를 가져올 수 없다. 다음은 30대 초반의 젊은 남자가 꿈꾸기 전의 환경상황이다.

젊은이는 그의 어머니와 함께 살았다. 어머니는 멀리 떠나 있다가 얼마 전에 아들과 함께 살기 위하여 집으로 돌아왔다. 그리고 얼마 있다가 아들이 직업을 잃었다. 그리고 그는 매우 절망에 빠졌다. 설상가상으로 어머니는 병을 얻었고 실명까지 당하는 고난이 있었다. 어머니는 아들의 도움이 없으면 밥먹는 일, 목욕하는 일 등 모든 일을 할 수 없게 되었다. 그들의 관계는 점점 불편한 사이가 되었다. 아들이 어머니를 향한 미움은 극에 달하였다. 이것은 그에게 깊은 함정에 빠지는듯한 느낌을 주었다. 그는 이러한 불행한 상황을 정신치료학으로 고쳐보려고 노력했지만 그렇게 치료할 수는 없었다. 자신을 바라볼 때 매우 불행한 사람으로 인정했다. 그때에 그는 한 꿈을 꾸었다.

그의 어머니와 그는 커다란 컵, 즉 커다란 콘테이너같은 물 속에 모래처럼 가라앉고 있었다. 그들을 향한 구조의 손길이 뻗쳐지고 있었지만 그들이 그 손을 잡지 않았다. 그들은 서로를 도우며 붙잡았다. 결국 물은 턱까지 차올랐고 가라앉았다.

이 꿈은 매우 선명하게 나타나는데 결국 꿈에서 두 사람은 익사했고 한 사람도 구조되지 않았다. 사람들은 그들을 구조하기 위해 노력했지만 그들은 도움을 거질했다. 젊은이는 무의식, 즉 꿈의 상태에서 분명히 사람들이 자기를 구하려고 하는 것을 인식했다.

이 꿈이 있은 후 몇 달이 지나 그의 어머니는 실제로 세상을 떠났다. 아들 역시 절망에 빠져서 자살을 기도했다. 결국 그는 정신병원에 수용되게 되었다.

그는 그의 어머니의 죽음으로부터 벗어났어야 했다. 그러나 그는 그렇게 하지 못했다. 그는 의지와 믿음이 부족했기 때문이다. 우리의 꿈은 우리를 돕고, 안내하고 계몽하여 준다. 따라서 우리가 꿈에서 문제의 원인과 실마리를 찾아낼 수 있고 치료에 적용할 수 있다. 치료는 의식과 무의식 사이에 협력이 있어야 한다. 꿈은 분명히 우리의 아픈 상처를 치료하여 줄 것이다.

마틴이라는 18세된 젊은이가 있었다. 그는 매우 신앙이 좋은 집안의 목사님 아들이었다. 그가 15세 때 어머니가 암으로 돌아가셨다. 설상가상으로 아버지는 어머니가 죽은 후 사람의 도움을 받지 않고는 거동을 하지 못하는 사람이 되었다. 가정이 이렇게 되자 마틴은 괴로움으로 술을 마시게 되었고, 때때로 경찰의 보호를 받는 사람이 되었다. 이러한 생활의 원인을 찾을 수 있는 마틴의 꿈은 다음과 같다.

> 나는 주일날 점심을 먹기 위해 식탁에 앉았다. 우리 식구들은 방금 교회에서 돌아왔다. 아버지는 고기를 자르기 위해 식탁 앞에 서 있었다. 그 때 갑자기 아버지는 소리를 지르면서 칼을 들고 우리들에게 달려들었다. 그 순간 어머니는 피하였고, 누나는 칼에 찔렸다. 나만 남았는데 아버지는 나를 쳐다보며 코웃음을 치며 나를 공격했다.

위의 꿈은 마틴의 행동에서 그대로 나타나고 있다. 마틴은 꿈에서 아버지로부터 피할 곳을 찾아 달아났다. 그가 달아난 피난처는 그가 괴로움을 달래던 술집이다. 마틴은 술에 취하면 소리를 질렀는데 그것은 아버지가 코웃음을 치며 쫓아오던 행동을 그대로 한 것이다. 여기서 아버지에 대한 그의 반감이 매우 심한 것을 볼 수 있다. 이러한 깊은 상처가 마틴의 생활을 엉망으로 만들었던 것이다.

마틴은 이 상황에서 회복하기 위하여 아버지의 사랑이 필요했다. 그 사랑은 다시 꿈 속으로 들어가 아버지를 용서하는 길뿐이다. 용서할 수 없는 사람을 그리스도의 사랑으로 용서하는 것이 크리스천이다. 결국 마틴은 조용한 의자에 앉아서 그의 꿈 속으로 들어갔다. 한 크리스천 상담가의 도움을 받아 그는 꿈에서 아버지를 만나 용서하였다. 그리고 예수 그리스

도 이름으로 간단한 기도를 드렸다. 그 순간 그는 정신적, 영
적, 육체적 질병에서 자유함을 얻었다.

11. 꿈의 사례들

꿈의 사례들은 목회현장에서 교인들과 상담한 것을 모은 것
이다. 이것은 하나님을 믿는 사람들을 대상으로 한 것이다. 이
꿈은 모두 진실하며 있는 그대로 실었다. 하나님을 믿는 성도
들의 꿈 이야기는 때때로 많은 유익을 가져온다. 예를 든다면
지금 일하고 있는 현위치를 재확인시켜주고, 앞으로 일어날
일을 준비할 수 있게 한다. 또한 결정하기 힘든 문제들을 순
소롭게 해결하여 수기도 한다.
꿈을 얻기 원한다면 하나님께 구하여야 한다.

하나님은 꿈을 주실 때 동시에 해석도 함께 주실 때가 있
다. 그렇지 아니하면 기도하면서 꿈을 해석할 수 있다. 다음에
이야기되는 꿈은 독자 여러분이 스스로 해석해 주기를 바라는

마음으로 기록하였다. 해석에 어려움이 있는 사람은 부록에 실린 꿈 사전을 참고하면 도움이 될 것이다. 당부하기는 이 꿈들을 읽고 참고만 하고 누구인가를 궁금해하지 않기를 바란다. 왜냐하면 이 꿈은 전적으로 사생활이기에 그들에게 조금이라도 해를 끼치고 싶지 않기 때문이다.

(1) K전도사의 직분

G교회 K전도사의 꿈 이야기다. K전도사는 장로가 3명이 있는 이민교회 2세 전도사인데 그는 젊은 중고등학생들을 지도하며 열심히 교회 일을 했다. 그러나 교회에서는 미래의 소망인 학생들을 경험없는 전도사에게 맡기고 싶지 않았다. 그래서 많은 사례비를 책정하여 L이라는 2세 목사을 청빙하였다. 이러한 상황에서 K전도사는 새로 부임한 L목사와 뜻이 맞지를 않아 늘 불편한 관계에 있게 되었다.

어느 날 K전도사는 꿈을 꾸게 되었다. 때는 추운 겨울이었고 눈도 많이 내렸다. K전도사는 현관에서 긴 부츠 한 켤레를 보았다. 편안해 보였다. 하지만 신지 않고 상자에 담아 버리려고 강가로 갔다. 강에 도착해 보니 살얼음이 얼어 있었고 살얼음 밑으로 현란한 꽃뱀이 노닐고 있었다. K전도사를 유혹하는듯 했다. K전도사가 꽃뱀에게 위협을 느끼고 돌을 던졌더니 갑자기 꽃뱀이 많아졌다. K전도사는 돌아가야겠다고 생각하고 주차한 곳을 향하여 힘껏 뛰어가는데 갑자기 머리는 작고 몸이 몹시 큰 새 세 마리가 쫓아오고 있었다. K전도사가 예수의 이름으로 물리치려고 하자 그 중 한 마리가 전도사를 쪼으려고 달려들었다. 그리고 그는 잠에서 깨어났다.

(2) M집사의 생명

M집사는 오래 전에 남편을 암으로 잃었고, 아들 셋과 함께 평범하게 살고 있는 여인이다. 50대의 나이에도 불구하고 그녀는 그리 늙어 보이지 않았다. 그녀는 취미가 볼링인데 매일 아침 볼링장을 찾아가 자기보다 나이가 많은 노인들과 함께 운동을 즐기는 신앙을 가진 집사이다. 하루는 볼링을 하는데 볼링회에 회장직을 맡고 있는 회장이 회원과 사소한 다툼으로 혈압이 올라가 쓰러져 그 자리에서 세상을 떠났다. 아마 심장 마비가 아닌가 한다. 이 광경을 지켜 본 M집사는 인생의 허망함을 깨달았다. 집에 와서 사별한 남편 생각도 했다.

그날 밤 꿈을 꾸었는데 함께 볼링을 치던 회장이 나타나 말하기를 "M여사, 내가 가는 곳에 따라오겠어!" M집사는 "따라가지요"라고 대답을 했다. 볼링 회장의 차가 앞장서서 가고 M집사는 뒤따라 갔다. 한참을 가는데 갑자기 흰 자동차가 M집사 차 앞을 가로막아 움직이지 못하게 했다. 나중에 보니 회장의 차는 눈에서 이미 사라져 따라갈 수 없게 되었다. 그래서 M집사는 집으로 돌아왔다 그리고 M집사는 잠을 깨었다.

(3) H권사의 바늘

H권사는 20여년 전 북미로 자식들과 함께 이민을 온 사람이다. 일찍이 H권사는 모태신앙으로 하나님 앞에 신실하게 살아온 분이다. 지금 권사의 나이는 75세로 장수하는 노인이라고 볼 수 있다. 그런데 다리를 절었다. H권사는 젊었을 때 호텔식당에서 20년 동안을 일했다. 추운 겨울에 호텔에서 버려진 쓰레기를 담아놓는 큰 통이 얼어 붙으면 발로 차서 떼어서 쓰레기차에 던지곤 했는데 그러던 어느 날 오른쪽 발이 상하게 되었다. 그 때 H권사의 큰 아들이 병원에 수술예약을 해놓았다.

그런데 H권사는 수술이 하기 싫어서 철야기도하며 내 다리를 고쳐달라고 기도했다. 한밤중 되었을 때 비몽사몽간에 천사가 나타나 자신의 다리 속을 들여다 보는데 3개의 바늘이 있었다. 그 천사가 3개 중 2개를 수술하고자 하는 부위에서 뽑아 버렸다. 그리고 잠을 깨었다.

그 날 H권사는 병원에 가서 수술하지 않고 하루밤 더 기도하여 마지막 남은 바늘 하나를 더 빼려고 했다. 그러나 큰 아들이 막무가내여서 수술대에 오르고 말았다. 의사가 수술은 성공했다고 하지만 지금까지 다리를 절면서 걷고 있다. H권사는 "제가 그 때 믿음으로 고칠 수 있는 병을 의사에게 맡겼습니다. 그래서 지금도 이처럼 절면서 걷고 있습니다."라고 말했다.

(4) Y목사의 비전

Y 목사는 40을 앞둔 10여년의 목회 경험을 가진 사람이다. 그는 북미에 유학 와서 많은 고생을 겪었다. 재정적인 어려움으로 배추대신 양배추로 김치를 만들어 먹을 정도로 힘든 생활을 했다. 그가 조그마한 개척교회의 목사직을 맡아 사역할 때 하나님께서 비전을 보여주었다. Y목사에게 보여준 비전은 부흥회가 진행되고 있는 어느 교회 성전이었다. Y목사가 설교를 끝내고 축도를 하는데 300여명으로 보이는 사람이 마루바닥에 쓰러져 죄를 회개하며 통회했다. 그 때 성령의 바람이 불어와 사람들은 넘어져 울며 기도하는 모습을 목격하였다. 축도를 위하여 든 Y목사의 두 손은 내려오지를 않았다. Y목사는 그때부터 아무리 힘들고 어려워도 믿음으로 이겨내며 목회를 했다.

(5) S목사의 비전

　S목사는 새로운 목회지를 놓고 여러 주 동안 금식하며 기도했다. 하나님의 깊은 뜻을 알기 위해서였다. 어느 날 밤 그는 절망 가운데 하나님께 울부짖으며 잠이 들었다. 그 때 하나님은 비몽사몽간에 나타나셔서 "나는 너를 이주시킬 것이다"라고 했다. 순간적으로 S목사가 "그 때가 언제입니까?"라고 물었을 때 하나님은 "9월"이라고 했다. 그리하여 S목사는 9월에 새로운 교회로 부임하였다.

(6) 하나님의 부름

　어떤 젊은 사람이 주님의 사역을 위하여 6개월 동안 고민하며 기도하였다. 어느 날 밤 하나님은 그에게 이러한 꿈을 보여 주었다. 젊은이는 산과 논밭이 있는 두메산골을 혼자서 걷고 있었다. 논밭에 추수는 이미 끝난 상태였다. 논밭이 있는 위쪽으로는 큰 호수가 하나 있었다. 젊은이는 호수를 돌아 상류쪽에 있는 오솔길을 따라 들어갔다. 거기에는 아주 작은 개울이 흐르는 물줄기가 있었다. 젊은이는 딤불이 뒤덮어 있는 곳을 헤치며 숲으로 들어가 보았다. 그곳에 옹달샘같은 물이 고여 있는데 물은 점점 말라가고 그 안에서 놀던 연어들은 숨을 헐떡거리며 죽어가고 있었고, 또 어떤 연어들은 이미 죽어 있었다.

　젊은이는 그곳을 빠져나와 다른 쪽으로 발길을 돌렸다. 이 길은 처음 보는 듯한 길이었다. 역시 호수쪽으로 논밭들이 줄지어 있었다. 논밭 또한 추수가 끝나 가을의 분위기를 느낄 수 있었다. 호수쪽으로 길을 따라 내려가는데 그 곳에서 한 사람을 만났다. 젊은이는 그 사람에게 호수 상류에서 일어난 사건들을 모두 말했다. 그 사람은 젊은이를 안내하여 숲을 따라 들어가 옹달샘같은 곳에서 수영하고 있는 연어들을 보여

주었다. 커다란 연어들이 아주 건강하게 보였다. 그 연어들은 더 넓은 곳으로 나가려고 준비된 것처럼 보였다.

젊은이의 꿈에서 보여준 호수와 연어, 그리고 논밭들의 상징적인 의미가 젊은이의 삶의 방향을 알게 했다. 그는 하나님이 어느 쪽으로 부르고 있다는 것을 깨달았고 순종했다.

12. 꿈꾸는 선지자들

"내 말을 들으라 너희 중에 선지자가 있으면 나 여호와가 이상으로 나를 그에게 알리기도 하고 꿈으로 그와 말하기도 하거니와"(민 12:6).

하나님은 그가 선택한 사람들에게 꿈과 이상을 보여주신다. 하지만 하나님의 영이 떠난 사람에게는 꿈도 이상도 없다는 것을 알 수 있다. 사울왕은 불레셋 군대와 싸우기 직전에 그의 미래를 위하여 하나님의 인도를 받길 원했다. 그러나 하나님은 꿈으로도 우림으로도 선지자로도 그에게 말하지 않았다(삼상 28:6).

확실히 하나님은 자기가 선택한 선지자들에게 꿈과 이상을 보여주었다. 이러한 꿈들은 크게 두 가지로 나타나고 있다. 하나는 잘못된 생활을 지적하는 교육적인 것이고, 또 하나는 미래에 대한 예언이다.

(1) 모세

하나님은 타지 않는 가시 떨기나무 가운데 나타나셔서 모세에게 이상을 보여 주었다(출 3장).

(2) 사무엘

잠자고 있는 어린 사무엘에게 하나님은 찾아 오셔서 그와 대화를 하셨다(삼상 3장).

(3) 엘리사

농부 출신 엘리사에게 하나님은 찾아오셔서 그의 임박한 소명을 미리 말씀해 주셨다. 따라서 그는 그의 선지자 엘리야가 하늘로 오르는 것을 볼 수 있었다(왕하 2장).

(4) 엘리야

엘리야는 하나님의 부름을 받고 불수레를 타고 하늘로 승천했다.

(5) 이사야

이사야는 성전에서 하나님의 영광을 보았다(사 6장).

(6) 에스겔

에스겔은 포로생활로 시처있을 때 말로 표현할 수 없는 보좌에 앉으신 인자를 보았다(겔 1-3장).

(7) 예레미야

하나님의 심판을 선포하는 예레미야는 살구나무와 끓는 가마를 보았다(렘 1장).

(8) 아모스

그는 목자의 신분으로 하나님께 붙잡혀 예언한 사람이다.

이처럼 하나님께 사로잡힌 사람들에게는 꿈과 이상을 보는 것이 계속되었다. 오바댜의 이상(욥 1:1), 나훔의 이상(나 1:1), 하박국의 이상(합 1:1), 요엘의 이상(욜 1:1), 호세아의 이상(호 1:1) 등이 여기에 해당된다.

다음의 세 가지를 참고하라.

① 이상(vision)-이사야 29:11; 30:10; 역대하 9:29; 미가 3:5-7; 사무엘상 3:1; 스가랴 2:1; 10:2.

② 하나님의 말씀(The word of the God)-사무엘상 3:21; 사무엘하 24:11; 요엘 12:1; 에스겔 25:1; 28:1.

③ 영의 임재(The Spirit of vision)-에스겔 2:2; 다니엘 7:5.

3장 구약에 나타난 꿈들

1. 아브라함의 꿈

해질 때에 아브람이 깊이 잠든 중에 캄캄함이 임하므로 심히 두려워하더니 여호와께서 아브람에게 이르시되 너는 정녕히 알라 네 자손이 이방에서 객이 되어 그들을 섬기겠고 그들은 사백 년 동안 네 자손을 괴롭게 하리니 그 섬기는 나라를 내가 징치할지 며 그 후에 네 자손이 큰 재물을 이끌고 나오리라. 너는 장수하 다가 평안히 조상에게로 돌아가 장사될 것이요 네 자손은 사대만 에 이 땅으로 돌아오리니 이는 아모리 족속의 죄악이 아직 관영 치 아니함이니라 하시더니 해가 져서 어둘 때에 연기 나는 풀무 가 보이며 타는 횃불이 쪼갠 고기 사이로 지나더라(창 15:12-17).

아브라함은 이스라엘의 조상이다. 그의 원래 이름은 아브람 이고 뜻은 "대부(high father)"이다. 그러나 후에 하나님은 아 브라함이라는 새이름을 주었다. 이 이름은 "열국의 아비(father of many nations, 창 17장)"라는 뜻이다. 아브라함은 가나안에 서 낳은 이삭과 이스마엘이라는 아들이 둘 있었다. 이스마엘 은 아랍 민족의 조상이 되었고, 이삭은 이스라엘 민족의 선조 가 되었다. 이삭은 꿈꾸는 사람으로 성경에 기록되지 않았다. 하지만 하나님은 그에게 나타나 특별한 약속을 하였다. 후에 그는 이스라엘의 세 번째 족장이라고 할 수 있는 야곱의 아버 지가 되었다. 야곱은 꿈꾸는 사람이었다.

하나님은 아브라함에게 꿈으로 장래의 일을 약속했다. 이것 은 예언적 꿈이었다. 꿈의 마지막 부분에서 그는 상징적인 어 떤 것을 보았다. 이것이 우리에게는 신비한 일이지만 아브라 함에게는 그렇지가 않았다. 그것들을 매일의 삶 속에서 경험 했다.

"해질 때에"는 저녁 소제 드릴 무렵을 말한다(왕상 18:36;

단 9:21). 오늘날의 저녁예배를 말한다. 항상 하나님은 예배 때 찾아오신다는 것을 알 수 있다.

"깊이 잠든 중에"는 피곤해서 잠든 것이 아니라 하나님이 아담을 잠들게 한 것과 같다(창 2:21). 쉽게 말하면 무아경 상태이다. 감각적인 사물의 시야가 완전히 차단되었다. 그리고 하나님은 아브라함의 영적인 문만을 열으셨다.

아브라함은 창세기 12장을 보면 75세에 소명을 받았다. 그리고 그의 나이 100세 때 언약의 씨인 아들 이삭을 얻었다. 이삭을 낳고 75년 만에 또 아내가 죽은 지 38년 만에 하나님께로 갔다. 그는 장수했다.

"4백년"은 한 세대를 100년으로 계산할 때 4세대를 말한다. 출애굽기 6:16-20에 따르면 1세대는 레위, 2세대는 고핫, 3세대는 아므람, 4세대는 모세이다. 이 4세대는 애굽의 노예생활과 출애굽의 고난을 겪었다. 이들 모두가 노상에서 죽었지만 여호수아와 갈렙은 약속의 땅 가나안에 들어갔다(민 13:29-30).

"아모리 족속"은 가나안 족속들 가운데 가장 강한 사람들이다. 하나님의 심판은 악이 극에 달할 때 나타난다. 한 예로 소돔과 고모라성이 악할 때 하나님은 심판했다(레 18:24-27; 신 9:4-5; 암 2:9).

"연기나는 남비(smoking pot)"는 요리를 표현한 말이다. 오늘날의 오븐으로 해석한다. 이것은 숯불에 올려 놓고 요리하는 항아리, 즉 남비로 이해하면 된다. 연기는 애굽의 노예생활에서의 고난을 상징한다. 연기는 우리의 눈을 아프게 하여 눈물을 흘리게 한다. 나도 시골에서 장작불을 지필 때 부엌에서 나는 심한 연기로 많은 눈물을 흘려본 적이 있다. 아브라함은 제사가 진정으로 하나님을 위한 것이어야 함을 꿈으로 보았다. 대통령이 우리 집에 왔을 때 우리가 어떻게 요리를 할 것인가를 생각하면 하나님께 드리는 예배가 어떠해야 됨은 자명한 일이다.

"쪼갠 고기(the divided pieces)"는 아브라함이 동물의 제사를 지내는 가운데 하나님이 친히 임재했다는 말이다. 이 제사의 축제는 약속의 땅을 차지한다는 확신으로 하나님과 아브라함과의 대화이다. 옛날 이같은 축제는 약속을 할 때 거행되었다. 특히 잠자기 전에 제사, 즉 예배를 드릴 때 주님이 찾아오셨다는 말이다. 그래서 "횃불"은 성령님의 임재를 표현한 것이라 하겠다. 아브라함은 이것을 꿈에서 상징적으로 보았다.

"불(fire)"은 하나님의 상징이고, "횃불(flaming torch)"은 하나님의 임재의 상징이다(출 13:21; 19:18; 20:18). 횃불은 이스라엘 백성이 고난 가운데 있을 때 위안과 새 희망을 보여준 것이었다. 밤의 불기둥은 추위에 떨고 있는 사람들에게 커다란 희망인 것이다. 하나님이 이스라엘을 버리지 않았음을 알려준 것이다.

이리한 상징들은 아브라함의 매일 생활에서 나타났나. 놀라운 사건이라 하겠다. 이것이 아브라함과 하나님과의 약속된 말씀인 것이다. 하나님의 약속은 "이 땅을 애굽강에서부터 그 큰 유브라데까지 네 자손에게 주노니"(창 15:18)라고 했다.

우리의 꿈에는 기대하기 어려운 사건들이 많이 나타난다. 이것은 다시 꿈을 통하여 우리에게 확신을 주고 있다. 아브라함은 선조들이 살고 있는 고향을 떠났다. 그는 알 수 없는 미지를 향해 떠났다. 그는 오로지 꿈과 비전만을 가지고 떠났는데 그는 어느 날 그의 재산이 셀 수 없을 정도로 늘어나는 것을 보았다. 우리가 잘 아는 미국의 새들백 교회를 보라. 그 교회 담임 목사가 무엇을 가지고 현장에 도착했는가? 그것은 돈이 아닌 꿈과 비전이었다.

꿈은 미래의 준비의 원천이 되어야 한다. 우리의 삶에 위기가 왔을 때, 삶의 변화를 요구할 때 우리에게 확신을 주는 것은 물질이 아니라 바로 하나님이 주시는 꿈이다.

<적 용>

1. 일인칭 이야기로 말하라(너, 우리, 그들이라는 대명사를 사용하지 말라).
2. 소설처럼 줄거리를 만들어라.
3. 남이 아닌 자신의 꿈 이야기를 하라.
4. 현재의 자기 생활을 포함시켜라.
5. 자기의 꿈 이야기를 통하여 하나님을 만나고, 예수님을 만나고, 성령님을 만나라.
6. 성경 본문을 벗어나는 일을 삼가라.
7. 자신의 생활에 적용하라.

다음은 꿈 이야기의 도움을 주기 위하여 "일인칭 이야기"의 예를 보인 것입니다.

어제 나에게 이상한 일이 일어났어요. 아마 내가 알기는 비몽사몽간이었어요. 갑자기 하나님이 나에게 나타나셨어요. 그분이 글쎄 나의 이름을 불렀어요. "아브라함아! 아브라함아!" 그리고 하나님이 말씀하시기를 "나는 너의 방패요 지극히 큰 상급이니라" 하시는 거예요. 나는 "친자식이 없어서 늘 괴로워했는데 하나님께서는 저에게 무엇을 주시려나이까? 당신이 알다시피 내 상속자는 나의 친자식이 아닌 다메섹 엘리에셀이나이다."라고 했지요. 그 순간 하나님은 말씀하시길 "그는 너의 후사가 될 수 없고 네 몸에서 날 자가 네 후사가 되리라"

하시는 거예요. 그러시더니 또 하나님은 나를 밖으로 이끌더니 하늘의 별을 세어보라는 거였어요. "참 하나님도 한두 개도 아닌 별을 어떻게 셀 수 있다고 세어보라는 것입니까?" 나는 또 반문했죠. "이 땅을 기업으로 주신다는 것을 무엇으로 알리이까?" 그 때 하나님은 약속으로 제사를 드리라는 것이었어요. 조건은 꼭 3년된 암소, 암염소, 수양, 그리고 집비둘기, 산비둘기었어요. 그런데 걱정이에요. 왜냐하면 꼭 3년된 것으로 드리라는 것이었어요. 모든 것을 준비하기란 쉽지 않았어요.

어쨌든 이 모든 것을 준비하여 쪼개어 재단에 놓았죠. 그런데 어디서 날아왔는지 솔개 한 마리가 자꾸 내려와 고기를 낚아채가려고 하는 거예요. 자꾸 쫓아내다 보니 지쳤어요. 내가 깜빡 잠든 사이에 하나님이 이상 중에 나타나셨어요.

"너는 정녕히 알라. 네 자손이 이방에서 객이 되어 그들을 섬기겠고 그들은 사백 년 동안 네 자손을 괴롭게 하리라."

참 하나님도 언제는 내 자손이 하늘의 별처럼 많아진다고 하더니 이제는 그 자손이 이방의 노예가 된다니 이게 무슨 날벼락입니까? 그런데 나는 장수하다가 평안히 조상에게로 돌아간데요. 휴 다행이네요.

나의 꿈은 계속되었어요. 해가 져서 어두울 때에 연기나는 풀무가 보이며 타는 횃불이 쪼갠 고기 사이로 지나는 거예요. 하나님께 바쳐진 제물 사이로 운행하시는 것이었어요. 정말 놀랐어요. 예배하는 가운데 하나님의 신이 운행하신다는 사실을…

예배를 정말 정성껏 드려야함을 깨달았어요. 과거의 나의 삶을 회개하면서 현재의 나의 삶의 예배를 더 정성껏 드릴 것을 약속드려요.

<모델 1 : 아브라함의 믿음>

1. 배 경

아브라함과 이삭은 모리아산에서 방금 돌아왔습니다. 모리아산은 하나님이 아브라함에게 아들 이삭을 제물로 드리라고 준비하셨던 곳입니다. 아브라함에게 온 시험은 노년에 주신 아들 이삭을 하나님께 다시 바치라는 것이었습니다. 아브라함은 이러한 어려움과 갈등 속에서 믿음의 실패를 하지 않고 당당하게 모리아 산을 다녀온 사람입니다. 그와 이삭 그리고 두 종이 집에 돌아왔을 때 이웃에 살고 있는 많은 사람들이 아브라함 집에 모여 들었습니다. 아브라함은 피곤한 가운데 있었지만 자기 아내와 모든 사람들에게 자기 간증을 시작했습니다.

2. 이야기

하나님이 사랑하는 나의 아내 사라는 나의 생명이요 기쁨입니다. 그녀는 나와 아들 이삭과 우리 집 두 종이 모리아 산에서 돌아오기를 기다렸습니다. 아마 그녀는 아들 이삭이 돌아오리라고는 생각지도 못했을 것입니다. 왜냐하면 이삭은 하나님께 드리는 희생제물이 되었어야 했기 때문입니다.

우리는 6일 동안 긴 여행을 했습니다. 그러므로 매우 지쳤습니다. 우리는 포장되지 않은 길, 굽은 길을 걸어야만 했고, 언덕을 오르기도 했습니다. 하지만 돌아올 때는 매우 기뻤습니다. 모리아 산을 갈 때 삼일은 아들 이삭을 잃는다는 생각으로 괴로움과 슬픔, 그리고 고통이었습니다. 돌아올 때는 하나님의 은혜를 경험했습니다. 6일 동안 여행을 한 마디로 말한다면 전쟁터에 나갔다가 모두가 주님의 은혜로 살아 돌아온 기분입니다. 나는 무엇보다 감사한 것은 하나님이 나의 사랑하는 아들 이삭을 도로 내게 주셨다는 사실입니다.

내가 모리산으로 떠나는 전날 밤은 매우 괴로웠습니다. 나는 잠이 오지 않아 밖에 나가 정원을 거닐면서 밤하늘의 별들을 세어보았습니다. 조용한 시간이었습니다. 하늘에 있는 별들도 유난히 빛나고 있었습니다. 그 때 나는 하나님이 전에 나에게 약속한 것들을 생각했습니다. 하나님은 "너의 씨가 하늘에 있는 별처럼 바닷가의 모래처럼 번성할 것이라"고 했습니다. 나는 집을 멀리 떠나 떨어져 자리를 잡고 하나님께 기도를 했습니다.

"하나님 이제 나의 아들 이삭을 당신에게 희생제물로 드리게 되었으니 어떻게 당신의 이름을 내가 찬양할 수 있습니까? 이삭은 내가 노년에 얻은 아들이므로 너무 사랑합니다. 그 아이에게 어떠한 일이 일어나면 나의 가슴은 찢어지게 될 것입니다"

나는 다시 하나님의 약속의 풍부하심을 생각했습니다. 하나님의 약속의 씨는 이삭을 통하여 온다는 것입니다. 이것이 하나님의 말씀이었습니다. 그 순간 나는 너무나 기뻤고 그를 찬양했습니다. 나는 하나님의 임재하심을 느꼈습니다.

그러나 하나님이 나에게 명한 말을 잊을 수가 없었습니다. 얼마 전 밤이었습니다. 별들이 휘황찬란한 빛을 발하며 춤을 추고 있었습니다. 그 가운데 하나님의 음성이 들렸습니다. 나의 이름을 부르시면서 "너는 네가 사랑하는 이삭을 데리고 내가 지시하는 땅 모리아산으로 가서 나를 위하여 그를 제물로 드리라"고 했습니다. 이 사건을 나의 아내 사라에게 말했습니다. 우리는 이 엄청난 사건 앞에 말을 이을 수가 없었습니다. 결국 우리는 하나님의 명령을 거역할 수 없었습니다. 눈물로 밤을 새웠습니다.

그 이후에 하나님은 더 이상 말이 없으셨습니다. 나는 이것이 꿈이 아닌가 해서 입술을 깨물어 보았습니다. 이것은 확실히 하나님이 명령한 것이었습니다. 나는 여전히 이해할 수가 없었습니다. 나의 머리에는 여러 생각들이 분수처럼 쏟아졌습니다. 이삭은 독자요, 사랑하는 자요, 약속의 아들이요, 기적의 아들이요, 노년에 얻은 아들인데 어떻게 이런 일이 있을 수 있단 말인가?

나의 마음은 그 누구보다도 아내 사라가 이해하여 주었습니다. 때때로 믿음이 흔들렸습니다. 영적인 갈등이 왔습니다. 이러한 때에 나의 아내 사라는 나를 위로하여 주었습니다. "여보! 나도 당신 만큼이나 이삭을 사랑합니다. 하지만 우리는 아들을 잃는다 해도 하나님의 명령을 거역할 수 없습니다."

나는 정신을 차리고 지나 온 세월들을 생각하여 보았습니다. 이삭이 없던 시기를 생각했습니다. 천사들의 방문을 받고 늙은 우리들에게 아이를 주겠다고 해서 웃었던 일을 생각했습니다. 이삭이 태어났을 때의 즐거움을 생각했습니다. 그러나 이삭이 지금 죽으면 약속의 씨가 취소될 것인데… 그 아이는 지금 부인도 없는데… 이런 저런 생각으로 나의 명상과 기도 시간을 끝냈습니다.

나는 분명히 하나님을 믿었습니다. 그는 우리를 실망시키지 않으시는 분임을 확신합니다. 나는 하나님이 원하신다면 아들 이삭을 죽여 번제로 드려 하나님께로 되돌리기로 했습니다. 나는 이해가 가지 않는다고 해도 하나님의 명령을 따라 아들의 몸을 번제 희생으로 드리기로 했습니다.

나는 아침 일찍 일어나 모리아 산으로 갈 준비를 했습니다. 나귀에 안장을 지우고 두 종과 이삭 그리고 번제에 쓸 나무, 불 그리고 내가 하나님께 동물을 잡아 희생 제사를 드릴 때

상용하던 칼을 준비했습니다. 이삭은 내가 서두르는 것을 보고 좀 이상해 했지만 침묵을 했습니다.

우리는 출발했습니다. 3일 밤낮, 나의 아내와 나의 마음 속에는 이삭이 이미 죽어 있었습니다. 드디어 운명의 날이 밝았습니다. 나의 생각은 하나님의 뜻을 이루는 것 뿐이었습니다. 나는 약속의 씨가 죽으면 그 다음이 어떻게 될 것인가 궁금했습니다. 우리 일행이 모리아 산 입구에 도착하자 모리아 산을 향해 갔습니다.

나의 종들에게는 산 아래에서 우리가 돌아올 때까지 머물게 하고 이삭과 나는 번제드릴 나무와 불과 칼을 들고 산을 올랐습니다.

나와 이삭은 잠시 동안 침묵했습니다. 결국 아들 이삭이 입을 열었습니다. "아버지! 나무와 불과 칼은 있는데 하나님께 드릴 제물은 어디 있습니까?" 그 순간 나는 "네가 제물이다"라고 말할 수가 없었습니다. 나의 대답은 "여호와이레" 즉 하나님께서 준비히실 것이라고 했습니다.

우리가 모리아 산 제단에 도착했을때, 자연석으로 만들어진 제단을 발견했습니다. 우리는 하나님께 제사드릴 준비를 했습니다. 이삭은 나무를 하나씩 쌓았습니다. 그는 마지막 나무 토막을 올려놓고 나를 쳐다보았습니다. 나는 때가 되었다는 것을 알았습니다. 조용한 음성으로 나는 하나님의 뜻을 말했습니다. 우리는 하나님의 뜻을 거역할 수 없다고 했습니다. 아들 이삭은 입을 열지 않고 고개를 끄덕였습니다. 나는 그의 손과 발을 묶고 제단에 올려 놓았습니다. 이삭은 10대 소년이었기 때문에 나를 밀어 부치고 달아날 수도 있었습니다. 그러나 묵묵히 순종했습니다.

나는 지체할 수 없어서 칼을 빼어들었습니다. 나는 나의 아들의 눈동자를 차마 볼 수가 없었습니다. 하나님만 생각했습니다. 아침 태양은 나의 칼날에 반사되어 유난히도 눈을 부시게 했습니다. 칼을 내리려고 하는 순간 하늘에서 하나님의 천사의 소리가 들려왔습니다. 나의 이름을 불렀습니다.

"아브라함아! 아브라함아!" 나는 "예! 내가 여기 있나이다"라고 대답했습니다. 내용인즉 이삭에게 손을 대지 말라는 것이었습니다. 그는 계속 말하기를 "네가 네 아들 네 독자라도 내게 아끼지 아니하였으니 내가 이제야 네가 하나님을 경외하는 줄을 아노라"고 했습니다.

나는 이삭을 풀어주었고 그를 꼭 껴안았습니다. 나는 그의 눈동자를 쳐다보았습니다. 그의 순종의 믿음은 나보다 더하다는 느낌을 받았습니다. 나는 한 수양이 수풀에 뿔이 걸려있는 것을 발견했고 이삭 대신 수양으로 하나님께 제사를 드렸습니다. 하나님은 이 향기를 흠향하시었습니다.

나와 사라는 하나님께 아들 이삭을 드리는 것을 두려워했지만 그럴 필요가 없다는 것을 알았습니다. 하나님은 우리의 방향을 알려주었습니다. 하나님은 항상 우리를 위하여 준비하고 계시는 분이십니다.

주님의 천사는 하늘로부터 두 번째 나를 불렀습니다. 그리고 이렇게 말했습니다.

"내가 나를 가리켜 맹세하노니 네가 이같이 행하여 네 아들 네 독자를 아끼지 아니하였은즉 내가 네게 큰 복을 주고 네 씨로 크게 성하여 하늘의 별과 같고 바닷가의 모래와 같게 하리니 네 씨가 그 대적의 문을 얻으리라 또 네 씨로 말미암아 천하 만민이 복을 얻으리니 이는 네가 나의 말을 준행하였음이니라."

이 일이 있은 후 우리는 모리아 제단을 떠나기 위해 준비했습니다. 나는 제단 주위에 있는 아름다운 자연들을 보았습니다. 가파른 계곡과 언덕을 보았습니다. 모든 것이 너무 아름다웠습니다. 하나님은 나의 후손들을 위하여 이렇게 아름다운 것을 만들었다는 것을 알았습니다. 우리는 피곤하고 지친 3일 길을 기쁨으로 이제 막 돌아왔습니다.

<적 용>

모리아 산의 제단이 우리에게 갈보리 언덕을 생각나게 한다. 이 모리아 산의 사건이 있은 후 약 2000년이 지난 후 한 젊은이가 그의 등에 나무 십자가를 지고 갈보리 언덕을 올라갔다. 그의 이름은 하나님의 아들 예수였다. 예수님은 나와 여러분의 죄를 위하여 십자가에 못박혀 죽으셨다. 이삭은 아버지 아브라함에게 순종했고, 예수님은 하나님 아버지에게 순종했다. 그는 어린 양이 털깎는 사람 앞에서 잠잠한 것처럼 입을 열지 않았다.

예수님을 십자가에 못박은 사람들은 그에게 기적을 보이라고 조롱했다.

"성전을 헐고 사흘에 짓는 자여 네가 만일 하나님의 아들이어든 자기를 구원하고 십자가에서 내려오라"(마 27:40).

이스라엘의 대제사장들과 서기관들과 장로들도 예수님을 희롱했다.

"저가 남은 구원하였으되 자기는 구원할 수 없도다. 저가 이스라엘의 왕이로다 지금 십자가에서 내려올찌어다 그러면 우리가 믿겠노라"(마 27:42).

그는 모든 수모를 참으시고 친히 나무에 달려 그 몸으로 우리의 죄를 지셨다. 하나님은 세상을 사랑하셔서 독생자를 우리를 위하여 죽게 했다.

또다시 대제사장들과 장로들이 조롱하여 말하기를 "저가 하나님을 신뢰하니 하나님이 저를 기뻐하시면 이제 구원하실찌라 제 말이 나는 하나님의 아들이라 하였도다"(마 27:43)라고 했다.

이러한 조롱 속에서 하나님 아버지는 아들 예수를 세상 사람 손에서 구하지 않으셨다. 그것은 그가 우리를 사랑하시기 때문이다. 예수 그리스도는 우리를 위하여 그는 완전한 희생 제물이 되셨다. 따라서 우리는 예수 그리스도로 말미암아 생명을 얻는 것이다.

2. 아비멜렉의 꿈

"그 밤에 하나님이 아비멜렉에게 현몽하시고 그에게 이르시되 네가 취한 이 여인을 인하여 네가 죽으리니 그가 남의 아내임이니라. 아비멜렉이 그 여인을 가까이 아니한 고로 그가 대답하되 주여 주께서 의로운 백성도 멸하시나이까 그가 나더러 이는 내 누이라고 하지 아니하였나이까 그 여인도 그는 내 오라비라 하였사오니 나는 온전한 마음과 깨끗한 손으로 이렇게 하였나이다. 하나님이 꿈에 또 그에게 이르시되 네가 온전한 마음으로 이렇게 한 줄을 나도 알았으므로 너를 막아 내게 범죄하지 않게 하였나니 여인에게 가까이 못하게 함이 이 까닭이니라. 이제 그 사람의 아내를 돌려보내라. 그는 선지자라. 그가 너를 위하여 기도하리니 네가 살려니와 네가 돌려보내지 않으면 너와 네게 속한 자가 다 정녕 죽을 줄 알지니라"(창 20:3-7).

아비멜렉은 애굽의 나일강 근처에 있는 그랄이라는 옛 도시의 왕이다. 아브라함과 그의 아내 사라는 가나안 땅에 흉년이

들어 음식을 구하러 그랄에 내려 갔다. 이 때 아브라함의 두려움은 사람들이 아름다운 자기 아내 사라를 취하기 위해 자기를 죽일까 하는 것이었다. 그래서 아브라함은 자기 아내를 누이로 사람들에게 소개했다.

그 사실을 잘 모르는 그랄왕은 사라를 데려갔고 그의 집뜰에 그녀를 머물게 했다. 아브라함과 사라가 행한 일은 하나님과 아비멜렉에게 거짓말을 한 결과가 되었다. 90세가 다 된 할머니 사라의 미모 때문에 왕이 반해서 그녀를 데려간 것이 아니라 자기 땅에 들어온 아브라함과 동맹관계를 맺기 위해서였다.

사라의 상황은 소위 천리안(clairvoyant) 꿈으로 아비멜렉 왕에게 계시되었다. 천리안 꿈은 불가능한 것을 가능하게 하는 것이다. 따라서 아비멜렉은 사라와 함께 잠자리를 한다는 것은 올바른 일이 아니라는 직감을 가졌다. 프랑스어로 천리안 꿈을 해석하여 보면 "선명하게 보는 꿈(clear-seeing dream)"이다. 또다른 의미로는 "이미보았다(already seen)"는 말이다.

왕의 꿈은 그에게 정신을 차리게 했다. 그가 꾼 꿈은 하나님의 경고였다. 따라서 그는 문제를 해결할 수밖에 없었다. 오늘날 우리가 아비멜렉 왕같은 특별한 꿈을 꾸지는 않지만 우리의 꿈도 문제를 해결하고 분명한 길을 가는 데 도움을 주고 있다.

하나님은 꿈을 통하여 사라를 보호했고 그분의 약속을 이행했다. 이 시기가 아브라함의 아들 이삭이 태어나기 1년 전이기 때문에 하나님은 매우 신중하게 일을 진행하셨다. 그렇지 않으면 아브라함의 아들이 아닌 아비멜렉왕의 아들이라고 소문이 날 것이기 때문이다. 하나님의 은혜는 인간의 그 어떤 선행과 비교할 수 없다. 아비멜렉왕은 히브리인의 하나님을 믿는 사람이 아니다. 그러나 그에게도 하나님은 나타나서 경고를 하고 있다. 히브리인들의 역사를 보면 그들 자신 뿐만 아니라 히브리인이 아닌 사람에게도 하나님은 꿈으로 보여 주었다. 따라서 오늘날도 성도 뿐만 아니라 믿지 않는 사람에게도 꿈으로 말씀하신다는 것을 알 수 있다.

하나님은 아브라함을 선지자로 세웠다. 아비멜렉은 죄를 범하지 않았지만 하나님의 일에 걸림돌이 되었기 때문에 선지자의 기도를 받아야 용서가 되었다. 이처럼 하나님은 자기 백성을 철저히 보호하고 계신다. 특히 하나님의 종 선지자 아브라함의 권위를 세워 주셨다.

모세의 누이 미리암이 모세를 비방했을 때 그녀의 문둥병은 모세의 기도로 고침을 받았다(민 12:13). 욥의 친구들 또한 욥의 기도로 화해하게 되었다(욥 42:8-10). 본문에서 아비멜렉 집에 내렸던 재앙도 아브라함의 기도를 통하여 회복되었다. 지금도 하나님은 하나님의 종의 기도를 통해 회복의 역사를 나타내고 있다.

<적 용>

1. 일인칭 이야기로 말하라(너, 우리, 그들이라는 대명사를 사용하지 말라).

2. 소설처럼 줄거리를 만들어라.

3. 남이 아닌 자신의 꿈 이야기를 하라.

4. 현재의 자기 생활을 포함시켜라.

5. 자기의 꿈 이야기를 통하여 하나님을 만나고, 예수님을 만나고, 성령님을 만나라.

6. 성경 본문을 벗어나는 일을 삼가라.

7. 자신의 생활에 적용하라.

3. 야곱의 꿈

"야곱이 브엘세바에서 떠나 하란으로 향하여 가더니 한 곳에
이르러는 해가 진지라. 거기서 유숙하려고 그곳의 한 돌을 취하
여 베개하고 거기 누워 자더니 꿈에 본즉 사닥다리가 땅 위에 섰
는데 그 꼭대기가 하늘에 닿았고 또 본즉 하나님의 사자가 그 위
에서 오르락 내리락하고 또 본즉 여호와께서 그 위에 서서 가라
사대 나는 여호와니 너의 조부 아브라함의 하나님이요 이삭의 하
나님이라 너 누운 땅을 내가 너와 네 자손에게 주리니 네 자손이
땅의 티끌같이 되어서 동서남북에 편만할지며 땅의 모든 족속이
너와 네 자손을 인하여 복을 얻으리라. 내가 너와 함께 있어 네
가 어디로 가든지 너를 지키며 너를 이끌어 이 땅으로 돌아오게
할지라. 내가 네게 허락한 것을 다 이루기까지 너를 떠나지 아니
하리라 하신지라"(창 28:10-15).

아브라함의 손자인 야곱은 고향 브엘세바를 떠나야만 했다.
야곱은 형을 속였기 때문에 더 이상 그곳에 머물 수가 없었
나. 형 에서는 동생을 죽이려고 마음먹었다. 그래서 야곱은 삼
촌 라반의 집에서 에서의 노가 풀리기를 기다리기 위해 하란
으로 길을 떠났다. 이것이 20년의 세월이 될 줄이야 야곱인들
생각했겠는가? 그는 전에 집을 떠나본 일이 없었다. 따라서
야곱은 가족의 따뜻한 분위기를 매우 그리워했다.

야곱은 밤에 돌 하나를 취하여 베개로 삼아 잠을 잤다. 꿈
속에 야곱은 하나님의 천사가 하늘에 닿은 사다리로 오르락
내리락 하는 것을 보았다. 그는 하나님을 매우 가까이서 보는
것처럼 느꼈다. 그 때 야곱은 하나님의 음성을 들었다. 그것은
전에 아브라함에게 했던 약속의 반복이었다. 잠을 깼을 때 야
곱은 매우 뜨거운 감동을 받았다. 그는 즉각적으로 하나님께
반응을 보였다.

야곱은 돌을 취해 잠을 잤던 곳에 제단을 쌓았다. 그리고 그 이름을 "벧엘"이라고 불렀고, 십일조를 드리기로 서원했다. 야곱은 꿈 속에 나타난 사다리의 상징적인 의미를 해석하지 않았다. 꿈에 대한 반응을 보였을 뿐이다. 꿈에서 준 영감에 반응을 확실하게 나타냈다. 하나님은 불모의 땅 사막에서도 물을 내시며 함께 하심을 나타내고 계시다. 야곱은 꿈을 꾸기 전에는 하나님의 임재를 느끼지 못했다. 그는 생각하기를 "나는 혼자요, 버림받은 사람이다"라고 했다. 여기서 우리는 야곱의 꿈을 통하여 몇 가지 배울 점이 있다.

첫째, 하나님이 우리를 찾아 온다는 것이다.

둘째, 우리는 꿈에 대한 반응이 있어야 한다는 것이다.

셋째, 우리의 즉각적인 행동은 성숙을 가져온다는 것이다.

야곱은 하란에 있는 삼촌 라반의 집으로 갔다. 그는 거기서 결혼도 했다. 하지만 라반은 교활한 사람(창 31:7, 41)이었다. 아래 기록된 야곱의 꿈은 20년 후에 야곱의 미래의 문을 열기 위해 하나님이 주신 꿈이다. 그를 다시 고향으로 돌아가게 하는 분은 하나님이시다.

"하나님이 이같이 그대들의 아버지의 짐승을 빼앗아 내게 주셨으니라. 그 양떼가 새끼 밸 때에 내가 꿈에 눈을 들어 보니 양떼를 탄 수양은 다 얼룩무늬 있는 것, 점 있는 것, 아롱진 것이었더라. 꿈에 하나님의 사자가 내게 말씀하시기를 야곱아 하기로 내가 대답하기를 여기 있나이다 하매 가라사대 네 눈을 들어 보라. 양떼를 탄 수양은 다 얼룩무늬 있는 것, 점 있는 것, 아롱진 것이니라. 라반이 네게 행한 모든 것을 내가 보았노라. 나는 벧엘 하나님이라. 네가 거기서 기둥에 기름을 붓고 거기서 내게 서원하였으니 지금 일어나 이곳을 떠나라. 네 출생지로 돌아가라 하셨느니라"(창 31:9-13).

다시 야곱은 꿈에서 하나님을 만났다. 야곱이 벧엘에서 만났던 그 하나님의 음성을 들었다. 그 곳은 야곱이 기름을 붓고 서원하였던 장소였고, 그가 하늘로 오르는 사다리를 보았던 곳이기도 하다.

야곱의 행동에 주의하여 보자. 그는 20년 전에 가족들에게 정중한 인사도 없이 고향 집을 떠나왔다. 그는 사실상 삼촌 집에 도피한 것이다. 그의 과거는 그리 선한 것이 없다. 형의 축복을 속여가며 빼앗았다. 그런데 그가 하나님의 마음에 든 것은 벧엘에서 드린 한 번의 예배 때문이다. 그것이 그와 하나님의 관계를 회복시켰다.

야곱이 외삼촌 라반의 집에서 보면 20년 세월은 이렇다. 외삼촌의 두 딸을 위하여 14년, 양떼를 위하여 6년이다. 외삼촌은 10번이나 야곱의 노동의 대가를 변역하였다. 이런 상황에서 야곱이 어떻게 고향으로 돌아가겠는가? 하지만 하나님은 아람 사람 라반에게 꿈으로 나타났다.

"너는 삼가 야곱에게 선악간 말하시 말라"(창 31:24).

야곱은 꿈을 통해서 하나님이 함께하고 계심을 분명히 믿었다. 꿈을 통하여 역사하는 하나님의 뜻을 교활한 라반도 막을 수가 없었다. 야곱의 첫번째 꿈은 벧엘이고, 마지막 꿈은 고향 브엘세바에서였다. 야곱의 마지막 꿈은 다음과 같다.

"밤에 하나님이 이상중에 이스라엘에게 나타나시고 불러 가라사대 야곱아 야곱아 하시는지라. 야곱이 가로되 내가 여기 있나이다 하매 하나님이 가라사대 나는 하나님이라. 네 아비의 하나님이니 애굽으로 내려가기를 두려워 말라. 내가 거기서 너로 큰 민족을 이루게 하리라. 내가 너와 함께 애굽으로 내려가겠고 정녕 너를 인도하여 다시 올라올 것이며 요셉이 그 손으로 네 눈을 감기리라 하셨더라"(창 46:2-4).

하나님은 꿈을 통하여 야곱의 생을 장식했다. 야곱이 어린 나이로 도피할 때의 두려움은 이제 사라지고 죽음 앞에서 편안하게 마지막 순간을 맞고 있다. 오늘날 크리스천들에게 나타나는 꿈들은 두려움과 공포가 아니라 평안과 안정으로 주님의 뜻을 보여주는 것이라고 할 수 있다.

<적 용>

1. 일인칭 이야기로 말하라(너, 우리, 그들이라는 대명사를 사용하지 말라).
2. 소설처럼 줄거리를 만들어라.
3. 남이 아닌 자신의 꿈 이야기를 하라.
4. 현재의 자기 생활을 포함시켜라.
5. 자기의 꿈 이야기를 통하여 하나님을 만나고, 예수님을 만나고, 성령님을 만나라.
6. 성경 본문을 벗어나는 일을 삼가라.
7. 자기의 생활에 적용하라.

4. 요셉의 꿈

"요셉이 꿈을 꾸고 자기 형들에게 고하매 그들이 그를 더욱 미워 하였더라. 요셉이 그들에게 이르되 청컨대 나의 꾼 꿈을 들으시오. 우리가 밭에서 곡식을 묶더니 내 단은 일어서고 당신들의 단은 내 단을 둘러서서 절하더이다. 그 형들이 그에게 이르되 네가 참으로 우리의 왕이 되겠느냐. 참으로 우리를 다스리게 되겠느냐 하고 그 꿈과 그 말을 인하여 그를 더욱 미워하더니 요셉이 다시 꿈을 꾸고 그 형들에게 고하여 가로되 내가 또 꿈을 꾼즉 해와 달과 열한 별이 내게 절하더이다 하니라. 그가 그 꿈으로 부형에게 고하매 아비가 그를 꾸짖고 그에게 이르되 너의 꾼 꿈이 무엇이냐. 나와 네 모와 네 형제들이 참으로 가서 땅에 엎드려 네게 절하겠느냐. 그 형들은 시기하되 그 아비는 그 말을 마음에 두었더라"(창 37:5-11).

요셉은 야곱이 매우 사랑하는 그의 11번째 아들이다. 요셉은 가족들과 함께 가나안에서 살았다. 요셉은 보리와 밀을 거두며 양들을 돌보는 일을 했다. 특히 요셉은 야곱이 노년에 얻은 아들이었기 때문에 야곱이 그에게 채색 옷을 지어 입혔다. 이처럼 요셉이 다른 형제들보다 특별히 사랑받음으로 형들에게 미움의 대상이 되었고 언사도 불편했다. 그 상황 속에서 요셉은 꿈을 꾸었고 그 내용을 형제들에게 말했다. 요셉은 두 번에 걸쳐 꿈을 꾸었다. 그 꿈은 같은 이슈(issue)이지만 상징(symbolic)은 달랐다. 요셉이 꾼 꿈은 자기가 형제들보다 우월하다는 것을 보여 주었다.

"우리가 밭에서 곡식을 묶더니 내 단은 일어서고 당신들의 단은 내 단을 둘러서서 절하더이다"(창 37:7).

"꿈을 꾼즉 해와 달과 열한 별이 내게 절하더이다"(창 37:9).

요셉은 앞으로 일어날 일을 꿈으로 본 것이다. 해와 달은 요셉의 부모를 말한 것이고, 열한 별은 요셉의 형제들을 표현한 말이다. 요셉의 꿈 이야기를 듣고 아버지 야곱은 그를 꾸짖었지만 그의 말을 마음에 두었다. 야곱은 요셉의 꿈으로 그의 형제들과 싸움이 일어날 것을 염려했다. 요셉은 어렸으므로 지혜롭게 형제들과 사이좋은 관계를 가질 수 있는 능력이 없었다.

요셉의 반복되는 꿈은 확신을 가져왔다. 또한 반복되는 꿈이 형제들에게 불쾌감을 주었다. 요셉이 꾸었던 상징적인 꿈은 오늘날 우리에게도 예언적인 꿈으로 나타난다. 요셉의 꿈은 그의 삶에서 희망을 불어 넣었고, 하나님의 목적을 이루었다.

어느 날 요셉의 형들이 집에서 멀리 떨어진 곳에서 가축들을 돌보고 있었다. 야곱은 요셉에게 형들이 무엇을 하고 있는지 살펴보고 오라고 심부름을 보냈다. 그때 요셉이 입고 갔던 아름다운 채색옷은 형들의 마음에 분노를 일으켰다. 결국 형들은 요셉의 채색옷을 벗기고 구덩이에 그를 던져버렸다. 이것은 그의 죽음과 다름없었다. 그때 요셉의 형들 중 하나인 유다가 요셉을 죽이기 보다는 이스마엘 사람에게 팔자는 제의에 모두가 동의했다. 형제들은 그들이 미워하는 요셉을 상인에게 은 20개에 팔았다. 요셉은 애굽의 노예로 팔려갔다. 아버지에게는 요셉의 채색옷에 짐승의 피를 발라 전해주었다. 야곱은 사랑하는 아들이 짐승에게 찢겼다고 생각했다. 그래서 그는 아들 요셉을 위하여 오랫동안 슬퍼했다. 요셉의 죽음은 야곱에게 슬픔과 괴로움이었다. 훗날 야곱은 요셉이 자기 가족을 위하여 사용된 것을 알게 되었다.

<적 용>

1. 일인칭 이야기로 말하라(너, 우리, 그들이라는 대명사를 사용하지 말라).

2. 소설처럼 줄거리를 만들어라.

3. 남이 아닌 자신의 꿈 이야기를 하라.

4. 현재의 자기 생활을 포함시켜라.

5. 자기의 꿈이야기를 통하여 하나님을 만나고, 예수님을 만나고, 성령님을 만나라.

6. 성경 본문을 벗어나는 일을 삼가라.

7. 자기의 생활에 적용하라.

5. 두 관원장의 꿈

"술 맡은 관원장이 그 꿈을 요셉에게 말하여 가로되 내가 꿈에 보니 내 앞에 포도나무가 있는데 그 나무에 세 가지가 있고 싹이 나서 꽃이 피고 포도송이가 익었고 내 손에 바로의 잔이 있기로 내가 포도를 따서 그 즙을 바로의 잔에 짜서 그 잔을 바로의 손에 드렸노라"(창 40:9-11).

"떡 굽는 관원장이 그 해석이 길함을 보고 요셉에게 이르되 나도 꿈에 보니 흰 떡 세 광주리가 내 머리에 있고 그 윗 광주리에 바로를 위하여 만든 각종 구운 식물이 있는데 새들이 내 머리의 광주리에서 그것을 먹더라"(창 40:16-17).

요셉은 두 관원장의 꿈을 듣고나서 말하기를 한 사람은 복직할 것이요 또 다른 사람은 나무에 달려 사형을 당할 것이라고 예언했다. 결국 요셉의 꿈 해석은 적중했다. 이 사건을 통하여 나중에 하나님은 바로의 꿈을 해석하는 데 요셉을 사용하였다. 요셉의 명성은 하루 아침에 되어진 것이 아니라 장시간을 통하여 이루어졌다. 형제들에게 버림받은 것으로부터, 노예생활로, 누명을 쓰고 들어간 감옥생활로부터 다시 일어나 애굽의 총리 자리까지 올랐다.

요셉의 감옥생활은 시간이 흘러 2년이 지났다. 어느 날 바로왕은 밤에 꿈을 꾸었다. 그런데 이 꿈을 해석할 수 있는 사람이 없었다. 그 때 마침 2년 전에 복직한 술맡은 관원장이 바로왕에게 2년 전에 자기가 감옥에서 있었던 일을 말하면서 그 요셉을 불러 꿈을 해석케 하면 만족을 얻을 것이라 했다. 감옥에 있을 때 요셉의 해몽은 한치의 오차도 없이 그대로 적중했다. 이처럼 요셉은 명철하고 지혜있는 사람이었다(창 41:39).

요셉의 할아버지 아브라함은 선지자였다면(창 20:7) 요셉 자신은 지혜의 사람이었다(창 41:39). 아브라함은 미래의 사건을 이상으로 보았다. 반면에 요셉은 다른 사람의 꿈을 통하여 미래의 사건을 하나님이 주신 명철과 지혜로 풀었다. 따라서 바로는 요셉을 불러 그의 꿈을 해석하게 했다.

<적 용>

1. 일인칭 이야기로 말하라(너, 우리, 그들이라는 대명사를 사용하지 말라).

2. 소설처럼 줄거리를 만들어라.

3. 남이 아닌 자신의 꿈 이야기를 하라.

4. 현재의 자기 생활을 포함시켜라.

5. 자기의 꿈이야기를 통하여 하나님을 만나고, 예수님을 만나고, 성령님을 만나라.

6. 성경 본문을 벗어나는 일을 삼가라.

7. 자기의 생활에 적용하라.

6. 바로왕의 꿈

"바로가 요셉에게 이르되 내가 꿈에 하숫가에 서서 보니 살지고 아름다운 일곱 암소가 하숫가에 올라와 갈밭에서 뜯어 먹고 그 뒤에 또 약하고 심히 흉악하고 파리한 일곱 암소가 올라오니 그같이 흉악한 것들은 애굽 땅에서 내가 아직 보지 못한 것이라. 그 파리하고 흉악한 소가 처음의 일곱 살진 소를 먹었으며 먹었으나 먹은 듯하지 아니하여 여전히 흉악하더라. 내가 곧 깨었다가 다시 꿈에 보니 한 줄기에 무성하고 충실한 일곱 이삭이 나오고 그 후에 또 세약하고 동풍에 마른 일곱 이삭이 나더니 그 세약한 이삭이 좋은 일곱 이삭을 삼키더라. 내가 그 꿈을 술객에게 말하였으나 그것을 내게 보이는 자가 없느니라"(창 41:17-24).

요셉은 바로왕에게 말하길 "이는 내게 있는 것이 아니라 하나님이 바로에게 평안한 대답을 하시리이다"(창 41:16)라고 했다. 이것은 하나님을 의지하는 요셉의 신앙을 바로에게 보여준 것이다. 요셉은 해몽에서 말하기를 "하나님이 그 하실 일을 바로에게 보이심이니이다"(창 41:25, 28)고 했다. 바로에게 두 가지 형태로 꿈을 보여준 것은 심각한 기근이 일어날 것을 강조하기 위해서이다.

요셉은 기근을 대비하기 위하여 애굽의 훌륭한 관리를 등용하여 준비해야 한다고 했다. 바로는 요셉의 지혜있는 꿈해석을 듣고 그를 애굽의 총리로 세우고 제 2인자로서 애굽을 다스릴 권력(창 41:39-40)을 주었다.

바로의 꿈대로 기근은 어김없이 찾아왔고, 애굽 주위에 있는 나라들은 굶주림으로 죽어갔다. 요셉의 아버지와 가족들도 식량이 떨어졌다. 야곱은 큰 아들을 애굽나라에 보내 식량을 구해 오도록 했다. 요셉의 형들은 요셉이 20년 전에 꾸었던 꿈처럼 동생 요셉 잎에 와서 절하며 식량을 요구했다. 요셉은 형을 알아볼 수 있었으나 요셉의 형들은 요셉을 알아 보지 못했다. 요셉은 더이상 어린이가 아니었고 이미 장성하여 애굽의 화려한 총리의 의복을 입고 있었으니 더욱 알 수가 없었을 것이다. 요셉은 하나님이 보여준 꿈을 100% 믿었다. 그리고 그는 자기를 애굽의 노예로 판 형들에게 복수하지 않았다. 요셉의 사건을 볼 때 하나님은 악을 선으로 갚으시는 분이심을 알 수 있다.

바로는 애굽에 내려온 요셉의 가족을 위하여 기름진 고센 땅을 허락했다. 요셉은 자기 가족을 보호했다. 야곱은 자기가 살고 있는 약속의 땅 가나안을 떠나오기가 두려웠지만 하나님은 꿈에서 그에게 애굽으로 내려가도록 지시했다.

> "밤에 하나님이 이상중에 이스라엘에게 나타나시고 불러 가라
> 사대 야곱아 야곱아 하시는지라. 야곱이 가로되 내가 여기 있나
> 이다 하매 하나님이 가라사대 나는 하나님이라. 네 아비의 하나
> 님이니 애굽으로 내려가기를 두려워 말라. 내가 거기서 너로 큰
> 민족을 이루게 하리라. 내가 너와 함께 애굽으로 내려가겠고 정
> 녕 너를 인도하여 다시 올라올 것이며 요셉이 그 손으로 네 눈을
> 감기리라 하셨더라"(창 46:2-4).

요셉의 예만 보아도 꿈을 통하여 이루어지는 일들이 우연한 일이 아니라는 사실을 알게 되었다. 이제 여러분들이 꿈으로 볼 때가 되었다고 생각된다. 내가 꿈을 꾸지 못한다면 성경에 나오는 꿈 속으로 들어가 하나님의 뜻을 깨닫기를 바란다.

<적 용>

1. 일인칭 이야기로 말하라(너, 우리, 그들이라는 대명사를 사용하지 말라).

2. 소설처럼 줄거리를 만들어라.

3. 남이 아닌 자신의 꿈 이야기를 하라.

4. 현재의 자기 생활을 포함시켜라.

5. 자기의 꿈이야기를 통하여 하나님을 만나고, 예수님을 만나고, 성령님을 만나라.

6. 성경 본문을 벗어나는 일을 삼가라.

7. 자기의 생활에 적용하라.

7. 모세의 이상

> "모세가 그 장인 미디안 제사장 이드로의 양무리를 치더니 그
> 무리를 광야 서편으로 인도하여 하나님의 산 호렙에 이르매 여호
> 와의 사자가 떨기나무 불꽃 가운데서 그에게 나타나시니라. 그가

보니 떨기나무에 불이 붙었으나 사라지지 아니하는지라. 이에 가
로되 내가 돌이켜 가서 이 큰 광경을 보리라. 떨기나무가 어찌하
여 타지 아니하는고 하는 동시에 여호와께서 그가 보려고 돌이켜
오는 것을 보신지라. 하나님이 떨기나무 가운데서 그를 불러 가
라사대 모세야 모세야 하시매 그가 가로되 내가 여기 있나이다.
하나님이 가라사대 이리로 가까이 하지 말라. 너의 선 곳은 거룩
한 땅이니 네 발에서 신을 벗으라. 또 이르시되 나는 네 조상의
하나님이니 아브라함의 하나님 이삭의 하나님 야곱의 하나님이니
라. 모세가 하나님 뵈옵기를 두려워하여 얼굴을 가리우매 여호와
께서 가라사대 내가 애굽에 있는 내 백성의 고통을 정녕히 보고
그들이 그 간역자로 인하여 부르짖음을 듣고 그 우고를 알고 내
가 내려와서 그들을 애굽인의 손에서 건져내고 그들을 그 땅에서
인도하여 아름답고 광대한 땅, 젖과 꿀이 흐르는 땅, 곧 가나안
족속, 헷 족속, 아모리 족속, 브리스 족속, 히위 족속, 여부스 족
속의 지방에 이르려 하노라. 이제 이스라엘 자손의 부르짖음이
내게 달하고 애굽 사람이 그들을 괴롭게 하는 학대도 내가 보았
으니 이제 내가 너를 바로에게 보내어 너로 내 백성 이스라엘 자
손을 애굽에서 인도하여 내게 하리라. 모세가 하나님께 고하되
내가 누구관대 바로에게 가며 이스라엘 자손을 애굽에서 인도하
여 내리이까"(출 3:1-11).

하나님은 모세에게 대부분-밤의 말(dark speech)이라고 할
수 있는 꿈이나 이상으로(민 12:6)보다는-직접 말씀하셨다. 왜
냐하면 하나님의 약속의 성취를 위한 목적이 있었기 때문이
다. 호렙산에서 모세에게 나타난 이상은 그를 두렵게 하였으
며 어리둥절하게 했다. 이 이상은 하나님과 모세와의 대화로
이어진다.

모세의 가족은 애굽의 노예였다. 모세 그 자신은 애굽 사람
을 죽였으므로 미디안 광야로 피신해 갔다. 호렙산에서
모세에게 나타난 이상은 떨기나무 가운데 나타난 하나님이었
다. 그 때 떨기나무에는 불이 붙었으나 타지 않고 있었다.

모세의 이상은 하나님께서 모세를 애굽으로 돌려보내 그의
백성을 이끌어 내고자 한 것이었다. 모세에게 이상은 매우 중

요한 순간이었다. 왜냐하면 모세는 애굽의 노예가 된 하나님의 백성, 즉 아브라함의 후손을 하나님이 약속하신 대로 이끌어야 할 책임이 있기 때문이다. 말하자면 광야를 걸어서 약속의 땅 가나안으로 인도해야 하기 때문이다. 모세는 하나님과의 대화에서 자신의 반응을 보이고 있다. 보통 비전을 가진 사람은 이러한 대화의 순간을 놓치지 않는다.

하나님과 대화하는 모세의 모습을 아름답게 상상할 수 있다. 떨기나무는 타고 있는데 그 나무는 사라지지 않고 있다. 이 순간을 누가 그냥 지나쳐 버리겠는가? 모세의 나이가 80이다. 40년간 광야 생활을 했다. 그러나 전에는 이러한 것을 한 번도 보지 못했다. 하나님은 모세를 사용하고자 했고 그 분의 청사진을 보여주고 계셨다. 모세는 죄수의 몸으로 광야에서 생을 마치는 줄 알았지만 하나님은 그를 다시 불렀다. 모세는 80세에 하나님의 부름을 받았다(신 34:7). 결국 하나님은 80세에 그를 불렀고 120세에 데려갔다. 그는 40년이나 주님을 위하여 헌신했다.

<적 용>

1. 일인칭 이야기로 말하라(너, 우리, 그들이라는 대명사를 사용하지 말라).

2. 소설처럼 줄거리를 만들어라.

3. 남이 아닌 자신의 꿈 이야기를 하라.

4. 현재의 자기 생활을 포함시켜라.

5. 자기의 꿈이야기를 통하여 하나님을 만나고, 예수님을 만나고, 성령님을 만나라.

6. 성경 본문을 벗어나는 일을 삼가라.

7. 자기의 생활에 적용하라.

8. 발람의 꿈

"발람이 그들에게 이르되 이 밤에 여기서 유숙하라. 여호와께
서 내게 이르시는 대로 너희에게 대답하리라. 모압 귀족들이 발
람에게서 유하니라. 하나님이 발람에게 임하여 가라사대 너와 함
께 한 이 사람들이 누구냐. 발람이 하나님께 고하되 모압 왕 십
볼의 아들 발락이 내게 보낸 자라. 이르기를 보라 애굽에서 나온
민족이 있어 지면에 덮였으니 이제 와서 나를 위하여 그들을 저
주하라. 내가 혹 그들을 쳐서 몰아낼 수 있으리라 하나이다. 하
나님이 발람에게 이르시되 너는 그들과 함께 가지도 말고 그 백
성을 저주하지도 말라. 그들은 복을 받은 자니라. 발람이 아침에
일어나서 발락의 귀족들에게 이르되 너희는 너희의 땅으로 돌아
가라. 내가 너희와 함께 가기를 여호와께서 허락지 아니하시느니
라. 모압 귀족들이 일어나 발락에게로 가서 고하되 발람이 우리
와 함께 오기를 거절하더이다. 발락이 다시 그들보다 더 높은 귀
족들을 더 많이 보내매 그들이 발람에게로 나아가서 그에게 이르
되 십볼의 아들 발락의 말씀에 청컨대 아무 것에도 거리끼지 말
고 내게로 오라 내가 그대를 높여 크게 존귀케 하고 그대가 내게
말하는 것은 무엇이든지 시행하리니 청컨대 와서 나를 위하여 이
백성을 저주하라 하시더이다. 발람이 발락의 신하들에게 대답하
여 가로되 발락이 그 집에 은금을 가득히 채워서 내게 줄지라도
내가 능히 여호와 내 하나님의 말씀을 어기어 덜하거나 더하지
못하겠노라 그런즉 이제 너희도 이 밤에 여기서 유하라 여호와께
서 내게 무슨 말씀을 더 하실는지 알아 보리라. 밤에 하나님이
발람에게 임하여 이르시되 그 사람들이 너를 부르러 왔거든 일어
나 함께 가라 그러나 내가 네게 이르는 말만 준행할지니라"(민
22:8-20).

　　발람은 이스라엘을 저주하기 위해 발락 왕이 보낸 모압의
장로와 미디안 장로들에게 붙잡히게 되었다. 이유는 하나님의
사람 발람을 통하여 이스라엘을 저주하라는 것이다.
　　애굽에서 나온 이스라엘 백성의 수가 날로 증가하기 때문이
었고 이에 발락왕은 두려워했다.

하나님의 종이 하나님의 뜻을 따르려고 애쓰기 보다 물질에 유혹되는 면을 엿볼 수 있다. 이것은 자기가 원할 때 부르는 점술과 다를 바가 없다. 점술(Divination)이란 예언(Omens)이라고 부르는 확실한 이적의 해석과 점술 책의 낭독으로 신(gods) 또는 신령(spirits)으로부터 신비한 지식을 얻어내는 연습이다. 그래서 점술가들은 저주스러운 말을 한다. 저주란 악한 영이 원수들에게 찾아가기를 소원하는 말이다. 이 저주는 옛시대에 자신을 보호하기 위하여 사용하기도 했다.

반면에 축복은 번영과 행복을 가져온다. 축복이 제사장, 왕, 가장 같은 사람에게로부터 온다고 할지라도 그 근원은 하나님이라는 것을 이해했다. 따라서 하나님이 선택한 백성에게는 다른 어느 민족보다 항상 축복이 넘쳤다. 확실히 하나님은 지도자들에게 축복권을 위임하여 축복하게 했다.

본문에서 발람의 꿈은 하나님이 몇 번에 걸쳐서 그에게 방향을 제시했지만 그는 하나님의 뜻을 생각하기 보다 자기의 욕심을 앞세웠다. 말하자면 하나님이 주신 꿈의 내용을 소홀히 했다.

<적 용>

1. 일인칭 이야기로 말하라(너, 우리, 그들이라는 대명사를 사용하지 말라).

2. 소설처럼 줄거리를 만들어라.

3. 남이 아닌 자신의 꿈 이야기를 하라.

4. 현재의 자기 생활을 포함시켜라.

5. 자기의 꿈이야기를 통하여 하나님을 만나고, 예수님을 만나고, 성령님을 만나라.

6. 성경 본문을 벗어나는 일을 삼가라.

7. 자기의 생활에 적용하라.

9. 미디안 병사의 꿈

"기드온이 그 곳에 이른즉 어떤 사람이 그 동무에게 꿈을 말하
여 이르기를 내가 한 꿈을 꾸었는데 꿈에 보리떡 한 덩어리가
미디안 진으로 굴러 들어와서 한 장막에 이르러 그것을 쳐서 무
너뜨려 엎드러뜨리니 곧 쓰러지더라"(삿 7:13).

본문의 꿈은 특이하게 멸망을 예고하는 내용으로 적군의 진
지에서 일어났다. 꿈에 나타난 보리떡 덩어리는 매일 병사들
에게 공급되는 음식물이 아니었다. 이것은 바로 행동을 표현
한 말이다. 미디안 병사는 동료에게 이러한 꿈을 말했을 때
그의 한 동료는 꿈을 듣자마자 즉시 해석을 하였다.

보리떡은 "정착한 농부들(settled farmers)"을 상징하는 말
이디. 한 병시는 이스라엘의 지도자, 가나안의 정차자 기드온
의 칼날로 이 꿈의 상징을 해석했다. "진(the tent)"은 "미디안
사람들의 유목생활"을 상징한다. 보리떡 덩어리가 진에 들어
와 진을 무너뜨리는 기드온의 칼로 해석했다. 해석자와 꿈꾼
사람을 통하여 군에 사기를 떨어뜨린 것은 앞으로 발생할 일
에 대한 경고보다도 심리적인 준비의 철저함을 예고한 것이다.

이 꿈에 경이로운 것 하나는 기도온이 꿈 이야기를 들었다
는 것이다. 기드온은 적의 진지로 가서 병사들이 이야기 하는
꿈 이야기를 들었다. 기드온은 전쟁 앞에서 매우 두려운 마음
을 가졌다. 그래서 그는 사실 적의 정탐보다도 하나님의 싸인
을 찾기 위해 밤길을 나선 것이 완전한 기회를 얻게 되었다.

그가 들었던 병사들의 꿈 이야기는 하나님이 들려주신 신령

한 음성이었다. 그는 즉시 하나님께 예배했고 싸울 준비를 끝냈다. 그는 앞으로 일어날 일을 확신했다. 하나님의 도움이 있음을 알았다.

<적 용>

1. 일인칭 이야기로 말하라(너, 우리, 그들이라는 대명사를 사용하지 말라).

2. 소설처럼 줄거리를 만들어라.

3. 남이 아닌 자신의 꿈 이야기를 하라.

4. 현재의 자기 생활을 포함시켜라.

5. 자기의 꿈이야기를 통하여 하나님을 만나고, 예수님을 만나고, 성령님을 만나라.

6. 성경 본문을 벗어나는 일을 삼가라.

7. 자기의 생활에 적용하라.

10. 사무엘의 꿈

"하나님의 등불은 아직 꺼지지 아니하였으며 사무엘은 하나님의 궤 있는 여호와의 전 안에 누웠더니 여호와께서 사무엘을 부르시는지라. 그가 대답하되 내가 여기 있나이다 하고 엘리에게로 달려가서 가로되 당신이 나를 부르셨기로 내가 여기 있나이다. 가로되 나는 부르지 아니하였으니 다시 누우라. 그가 가서 누웠더니 여호와께서 다시 사무엘을 부르시는지라. 사무엘이 일어나서 엘리에게로 가서 가로되 당신이 나를 부르셨기로 내가 여기 있나이다. 대답하되 내 아들아 내가 부르지 아니하였으니 다시 누우라 하니라. 사무엘이 아직 여호와를 알지 못하고 여호와의 말씀도 아직 그에게 나타나지 아니한 때라 여호와께서 세 번째 사무엘을 부르시는지라. 그가 일어나서 엘리에게로 가서 가로되 당신이 나를 부르셨기로 내가 여기 있나이다. 엘리가 여호와께서 이 아이를 부르신 줄을 깨닫고 이에 사무엘에게 이르되 가서 누

웠다가 그가 너를 부르시거든 네가 말하기를 여호와여 말씀하옵
소서. 주의 종이 듣겠나이다 하라. 이에 사무엘이 가서 자기 처
소에 누우니라. 여호와께서 임하여 서서 전과 같이 사무엘아 사
무엘아 부르시는지라. 사무엘이 가로되 말씀하옵소서. 주의 종이
듣겠나이다. 여호와께서 사무엘에게 이르시되 보라. 내가 이스라
엘 중에 한 일을 행하리니 그것을 듣는 자마다 두 귀가 울리리
라. 내가 엘리의 집에 대하여 말한 것을 처음부터 끝까지 그날에
그에게 다 이루리라. 내가 그 집을 영영토록 심판하겠다고 그에
게 이른 것은 그의 아는 죄악을 인함이니 이는 그가 자기 아들들
이 저주를 자청하되 금하지 아니하였음이니라. 그러므로 내가 엘
리의 집에 대하여 맹세하기를 엘리 집의 죄악은 제물이나 예물로
나 영영히 속함을 얻지 못하리라 하였노라"(삼상 3:3-14).

어린 사무엘은 아직 하나님의 음성을 들어본 적이 없었다.
너무 나이가 어려서 하나님으로부터 오는 소리인지 사람으로
부터 오는 소리인지를 구별하지 못했던 것이다. 그래서 하나
님이 그를 불렀을 때 그는 엘리 제사장이 부르는 줄 알고 그
에게 달려갔다. 하나님은 이상 중에 그를 부르셔서 장차 일어
날 일들을 말씀하셨다.

"사무엘이 아침까지 누웠다가 여호와의 집 문을 열었으나 그
이상을 엘리에게 알게 하기를 두려워 하더니"(삼상 3:15).

여기서 꿈(dream)과 이상(vision)이 서로 바뀌어지고 있는
것을 볼 수 있다. 사무엘의 이상은 예언과 성취로 이루어지게
되었다. 그는 하나님의 선지자로서의 일을 시작하게 되었다
(삼상 3:20). 사무엘은 이스라엘을 통치한 마지막 13번째 사사
이다. 사무엘은 마지막 사사일 뿐만 아니라 첫 선지자가 되었
다. 또한 그는 첫 이스라엘의 첫 군주 정치를 통한 인도자가
되었다.

<적 용>

1. 일인칭 이야기로 말하라(너, 우리, 그들이라는 대명사를 사용하지 말라).

2. 소설처럼 줄거리를 만들어라.

3. 남이 아닌 자신의 꿈 이야기를 하라.

4. 현재의 자기 생활을 포함시켜라.

5. 자기의 꿈이야기를 통하여 하나님을 만나고, 예수님을 만나고, 성령님을 만나라.

6. 성경 본문을 벗어나는 일을 삼가라.

7. 자기의 생활에 적용하라.

11. 솔로몬의 꿈

"기브온에서 밤에 여호와께서 솔로몬의 꿈에 나타나시니라. 하나님이 이르시되 내가 네게 무엇을 줄꼬 너는 구하라. 솔로몬이 가로되 주의 종 내 아비 다윗이 성실과 공의와 정직한 마음으로 주와 함께 주의 앞에서 행하므로 주께서 저에게 큰 은혜를 베푸셨고 주께서 또 저를 위하여 이 큰 은혜를 예비하시고 오늘날과 같이 저의 위에 앉을 아들을 저에게 주셨나이다. 나의 하나님 여호와여 주께서 종으로 종의 아비 다윗을 대신하여 왕이 되게 하셨사오나 종은 작은 아이라 출입할 줄을 알지 못하고 주의 빼신 백성 가운데 있나이다. 저희는 큰 백성이라 수효가 많아서 셀 수도 없고 기록할 수도 없사오니 누가 주의 이 많은 백성을 재판할 수 있사오리이까. 지혜로운 마음을 종에게 주사 주의 백성을 재판하여 선악을 분별하게 하옵소서. 솔로몬이 이것을 구하매 그 말씀이 주의 마음에 맞은지라. 이에 하나님이 저에게 이르시되 네가 이것을 구하도다. 자기를 위하여 수도 구하지 아니하며 부도 구하지 아니하며 자기의 원수의 생명 멸하기도 구하지 아니하고 오직 송사를 듣고 분별하는 지혜를 구하였은즉 내가 네 말대로 하여 네게 지혜롭고 총명한 마음을 주노니 너의 전에도 너와 같은 자가 없었거니와 너의 후에도 너와 같은 자가 일어남이 없으리라. 내가 또 너의 구하지 아니한 부와 영광도 네게 주노니

네 평생에 열왕 중에 너와 같은 자가 없을 것이라. 네가 만일 네
아비 다윗의 행함같이 내 길로 행하며 내 법도와 명령을 지키면
내가 또 네 날을 길게 하리라. 솔로몬이 깨어보니 꿈이더라. 이
에 예루살렘에 이르러 여호와의 언약궤 앞에 서서 번제와 수은제
를 드리고 모든 신복을 위하여 잔치하였더라"(왕상 3:5-15).

솔로몬은 꿈을 통하여 하나님께 직접 메세지를 받은 유일한
왕이다. 솔로몬은 하나님의 회막 즉 모세가 광야에서 지은 것
이 있는 기브온 산당(대하 1:3)에 예배하러 갔다. 솔로몬은 어
떻게 하면 나라를 잘 통치할까 하는 두려운 마음으로 산당에
갔다. 꿈을 통하여 하나님의 계시를 받기 원하는 마음으로 거
룩한 곳에서 잠을 청한 것이다.

솔로몬의 꿈은 특별하게 대화식으로 이루어졌다. 잠자는 솔
로몬에게 하나님은 아버지가 아들에게 찾아와 말하는 것처럼
했다. 기도하는 마음으로 기브온 산당에 오른 솔로몬에게 하
나님은 나타나셨고, 솔로몬이 구하지 않은 것까지 주었다.

솔로몬은 예루살렘에 내려와 언약궤 앞에서 모든 신복들에
게 잔치를 베풀었다. 그후 솔로몬은 20년 동안 거룩한 성전과
궁전을 세웠고 하나님은 다시 솔로몬에게 나타났다(왕상 9:2).

그리고 하나님은 예루살렘의 성전과 궁전을 보호하겠다고
했다. 조건은 여호와를 버리지 않고 순종한다는 전제 하에서
이다. 솔로몬은 지혜와 부가 충만했고 그의 보좌는 날로 영화
로왔다. 하지만 후에 솔로몬은 그 약속을 잊어버렸고 다 지키
지 못했다. 이방의 많은 여인들과 연애함으로 그들의 신을 좇
아갔기 때문이다.

솔로몬의 첫번째 꿈은 민족을 흥왕시키겠다는 것이었고, 두
번째의 꿈은 아버지 다윗왕의 소망을 성취하는 것이었다. 하
나님은 두 번씩이나 하나님은 솔로몬에게 나타나서 "다른 신
을 좇지 말라"는 메세지를 주었지만 그는 부인을 700명, 첩을

300명이나 가졌기 때문에 말년의 삶은 매우 혼란스러웠다. 이 것은 하나님을 기쁘게 할 수 없었다.

<적 용>

1. 일인칭 이야기로 말하라(너, 우리, 그들이라는 대명사를 사용하지 말라).

2. 소설처럼 줄거리를 만들어라.

3. 남이 아닌 자신의 꿈 이야기를 하라.

4. 현재의 자기 생활을 포함시켜라.

5. 자기의 꿈이야기를 통하여 하나님을 만나고, 예수님을 만나고, 성령님을 만나라.

6. 성경 본문을 벗어나는 일을 삼가라.

7. 자기의 생활에 적용하라.

12. 이사야의 이상

"웃시야왕의 죽던 해에 내가 본즉 주께서 높이 들린 보좌에 앉으셨는데 그 옷자락은 성전에 가득하였고 스랍들은 모셔 섰는데 각기 여섯 날개가 있어 그 둘로는 그 얼굴을 가리었고 그 둘로는 그 발을 가리었고 그 둘로는 날며 서로 창화하여 가로되 거룩하다 거룩하다 거룩하다 만군의 여호와여 그 영광이 온 땅에 충만하도다. 이같이 창화하는 자의 소리로 인하여 문지방의 터가 요동하며 집에 연기가 충만한지라. 그 때에 내가 말하되 화로다 나여 망하게 되었도다 .나는 입술이 부정한 사람이요 입술이 부정한 백성 중에 거하면서 만군의 여호와이신 왕을 뵈었음이로다. 때에 그 스랍의 하나가 화저로 단에서 취한 바 핀 숯을 손에 가지고 내게로 날아와서 그것을 내 입에 대며 가로되 보라 이것이 네 입에 닿았으니 네 악이 제하여졌고 네 죄가 사하여 졌느니라 하더라. 내가 또 주의 목소리를 들은즉 이르시되 내가 누구를 보내며 누가 우리를 위하여 갈꼬. 그 때에 내가 가로되 내가 여기 있나이다 나를 보내소서"(사 6:1-8).

이사야의 환상은 그 나이 20대쯤에 왔다. 오늘날 젊은이들처럼 이사야는 매우 감성적인 청년이었다. 그 당시 그는 정치 경제 문화 종교에서 부정과 부패를 목격했다. 확실히 이사야는 그 문제를 해결해야 한다고 생각했지만 그의 연소함과 힘없음을 스스로 느꼈다. 부정한 사회에 대한 깊은 아픔을 가지고 있었다.

이사야는 웃시야 왕과 가까운 친구사이이어서 왕궁에서 일어나는 크고 작은 행사에 매우 익숙해 있었다. 하지만 웃시야 왕이 교만하여 문둥병에 걸려 52년의 통치를 마칠 때에는 이사야 개인적으로는 매우 슬픈 일이었다.

때마침 새해 첫날 예루살렘 성전 문은 열려있었다. 날이 밝았을 때 성전 문으로 태양빛이 흘러들어 갔다. 그때 온 성전 뜰이 빛으로 가득했다. 이사야는 아침의 눈부신 빛 아래서 예배를 드리는 사람들 가운데 있었다. 거기서 그가 왕의 대관식과 비교할 수 없는 장관을 본 것이다.

이사야가 본 그날의 경험은 오늘도 우리에게 꿈으로 나타나고 있다. 이사야의 새해 예배경험과 왕의 대관식 장면은 하나님의 거룩한 환상을 이사야가 표현하는 데 도움을 주었다. 그 순간이 이사야 자신은 선지자로 취임하는 순간이었다. 그는 하나님의 예언자이다.

이같은 성전에서의 예배는 우리에게 새로운 상상을 만들어준다. 하나님의 "보좌"는 성전의 법궤 위에 있다(출 25:18-22; 겔 10:1-5). "옷자락"은 향이나 희생으로부터 오는 연기 구름처럼 보였다(대하 7:1-3). "스랍들"은 법궤를 가리고 있었다(겔 1; 출 25:18-20). 또 스랍들은 그분의 얼굴을 가렸다. 왜냐하면 죄많은 사람들이 직접 하나님을 볼 수 없기 때문이다. "성전의 연기"는 시내산에 하나님의 영광이 나타났을 때의 구름을 연상케 했다(출 19:9; 겔 10:1-4).

이사야의 환상은 그의 죄를 깨끗이 씻었을 뿐만 아니라 하나님의 뜻을 전하는 예언자로 부름받게 했다. 우리 모두 이 어두운 사회에서 정의만 주장하지 말고, 이사야처럼 주님께 부름받는 이상을 봐야 할 것이다.

<적 용>

1. 일인칭 이야기로 말하라(너, 우리, 그들이라는 대명사를 사용하지 말라).

2. 소설처럼 줄거리를 만들어라.

3. 남이 아닌 자신의 꿈 이야기를 하라.

4. 현재의 자기 생활을 포함시켜라.

5. 자기의 꿈이야기를 통하여 하나님을 만나고, 예수님을 만나고, 성령님을 만나라.

6. 성경 본문을 벗어나는 일을 삼가라.

7. 자기의 생활에 적용하라.

13. 다니엘의 꿈

구약에서 해몽가로 유명한 사람이 있는데 바로 요셉과 다니엘이다. 요셉은 애굽에 팔려갔고, 다니엘은 바벨론 포로로 잡혀갔다. 그들은 가정과 나라를 잃었지만 타국에서 총리의 자리까지 오르는 영광을 얻었다. 그것은 그들이 하나님이 주신 지혜와 명철로 꿈을 해석했기 때문이다.

다니엘이 바벨론 포로로 잡혀가던 시기에 그와 같은 젊은 소년들이 여러 명 잡혀갔다. 그들을 바벨론궁에서 일하게 하

기 위하여 새로운 교육과 훈련을 시켰는데, 이 훈련받은 소년
들 중에서 다니엘과 세 친구가 있었다. 이들은 하나님이 바벨
론의 박사와 술사보다도 10배가 넘는 지혜와 명철을 주었다.
다니엘과 세 친구는 하나님을 섬기는 신앙에 흠이 없는 젊은
이들이었다.

특별히 하나님은 다니엘에게 모든 이상과 몽조를 깨달아 알
게 했다(단 1:17). 다니엘과 세 친구의 지혜와 명철이 뛰어났
기 때문에 느부갓네살 왕은 그들을 자기 가까이에서 일하게
했다.

어느 날 느부갓네살 왕은 꿈을 꾸었는데 마음의 번민이 일
어났다. 그런데 왕은 자기의 꿈을 기억하지 못하고 잃어버렸
다. 따라서 아무리 훌륭한 해몽가가 있다 해도 그것을 해석할
수가 없었다. 왕은 바벨론 온 땅에 명령을 내려 모든 박사와
술사들에게 이것을 해석하도록 했다. 꿈을 해석하지 못하면
다 죽인다고 했다. 결국 모든 박사와 술사들은 억울하게 죽음
을 당할 위기에 처해 있었다.

이와 같은 사실을 알게 된 다니엘은 매우 가까운 친구인 하
나냐, 미사엘, 아사랴에게 기도를 부탁하고 왕의 꿈을 해석하
기로 했다.

"이에 이 은밀한 것이 밤에 이상으로 다니엘에게 나타나 보
이매 다니엘이 하늘에 계신 하나님을 찬송하니라"(단2:19).

다니엘은 하나님께 받은 계시를 왕에게 말했고 느부갓네살
왕은 다니엘의 지혜와 명철, 그리고 그가 믿는 하나님에 대하
여 놀랐다. 왕이 꾼 꿈은 다니엘을 통하여 이렇게 나타나고
있다.

"왕이여 왕이 한 큰 신상을 보셨나이다. 그 신상이 왕의 앞에
섰는데 크고 광채가 특심하며 그 모양이 심히 두려우니 그 우상
의 머리는 정금이요 가슴과 팔들은 은이요 배와 넓적다리는 놋이
요 그 종아리는 철이요 그 발은 얼마는 철이요 얼마는 진흙이었
나이다. 또 왕이 보신즉 사람의 손으로 하지 아니하고 뜨인 돌이
신상의 철과 진흙의 발을 쳐서 부숴뜨리매 때에 철과 진흙과 놋
과 은과 금이 다 부숴져 여름 타작 마당의 겨같이 되어 바람에
불려 간 곳이 없었고 우상을 친 돌은 태산을 이루어 온 세계에
가득하였었나이다. 그 꿈이 이러한즉 내가 이제 그 해석을 왕 앞
에 진술하리이다"(단 2:31-36).

확실히 다니엘은 해석을 주신 하나님을 믿었다. 그는 꿈 속
에서 본 거대함, 눈부심, 두려운 상상들을 다 왕에게 말했다.
다니엘의 첫번째 이미지(image)는 4나라였다. 정금은 느부갓
네살 왕을 나타냈고 다른 3나라의 상징들인 은, 놋, 철은 앞으
로 일어날 나라들을 나타냈다. 그리고 흙은 약한 것으로 나타
나지만 후에 나라들을 갈라지게 할 것이다.

다니엘의 두 번째 이미지(image)는 뜨인 돌이었다. 이 뜨인
돌은 신상을 쳐서 무너뜨렸는데 "철과 진흙과 놋과 은과 금이
다 부숴져 여름 타작마당의 겨같이 되어 바람에 불려간 곳이
없었고 우상을 친 돌은 태산을 이루어 온 세계에 가득하였
다"(단 2:35)고 했다.

다니엘이 이상으로 본 4나라 시대에 하나님은 그의 나라를
세울 것이다. 이 나라는 영원히 망하지 아니할 것이요, 국권을
빼앗기지 않을 것이요 모든 나라들(철, 놋, 흙, 은, 금)을 쳐
부수고 영원히 설 것이라 했다(단 2:44-45).

다니엘은 하나님이 그를 예배하는 사람들에게 뿐만 아니라
이방 왕에게도 꿈을 통하여 하나님의 능력과 위엄을 나타내고
있다는 것을 믿었다.

다니엘이 본 이상을 다음과 같은 도표로 요약할 수 있다.

2 장	7 장	8 장	9 장	나라와 연대
금머리	사자			신바벨론 제국 BC. 605 - 539
은가슴 팔	곰	수양		페르시아 제국 BC. 539 - 331
놋배 넓적다리	표범	수염소		그리이스 제국 BC. 331 - 63
종아리 철	무섭고 아주 강한 짐승			로마 제국 BC. 63 - AD 476
발가락 진흙섞임				예수탄생부터 - 심판까지 BC. 4 - ?
			70이레 중 마지막 1 이레	7년 대환난
뜨인돌				하나님 나라

왕은 다니엘의 꿈 해석을 그대로 다 받아들이고 말하기를 "너희 하나님은 참으로 모든 신의 신이요 모든 왕의 주재시로다. 네가 능히 이 은밀한 것을 나타내었으니 네 하나님은 또 은밀한 것을 나타내시는 자시로다"(단 2:47)라고 했다.

학문적으로 꿈의 종류를 말한다면 5가지가 있다. 기억의 꿈, 경고의 꿈, 예언의 꿈, 반복되는 꿈, 악한 꿈이 있다. 이것은 앞에서 이미 설명한 바 있다. 그런데 느부갓네살이 꾸었던 꿈은 이름을 달리하여 숨은 꿈(incubating dream)이라고 말하고 싶다.

숨은 꿈은 꿈을 꾸자마자 잃어버렸기 때문에 이것을 찾아내기가 어렵다. 숨은 꿈은 하나님으로부터 계시를 받기 위하여 개인적으로 거룩한 장소나 성전에 가서 자기 몸을 정결케 하고 그 뜻을 알기 위하여 하나님께 구하는 것이다. 이러한 것은 일찍이 주전 3000년경 메소포타미아에서 행해졌다. 사제들은 성전에서 희생제사를 드리고 눈물로 기도를 드리면서 하루, 이틀밤 신이 주는 꿈을 얻기 위하여 잠을 자는 것이다. 솔로몬도 이러한 경험이 있다. 그는 일천번제를 드리고 잠을 잤다. 하나님은 그가 잠든 중에 나타나셨다. 이것을 숨은 꿈이라고 말할 수 있다.

이 숨은 꿈은 꿈을 꾼 다음이거나 전이거나 이것을 알기 위하여 준비의 시간이 필요하다. 다니엘이 왕의 숨은 꿈을 찾아 내기 위하여 친구들에게 기도를 부탁하고 다니엘 자신이 기도를 통하여 준비하는 모습을 볼 수 있다.

느부갓네살 왕은 다시 꿈을 꾸었다. 다니엘을 찾아 꿈을 해석하도록 했다. 왕이 꾼 꿈은 다음과 같다.

"한 꿈을 꾸고 그로 인하여 두려워 하였으되 곧 내 침상에서 생각하는 것과 뇌 속으로 받은 이상을 인하여 번민하였었노라"(단 4:5).

"내가 침상에서 나의 뇌 속으로 받은 이상이 이러하니라. 내가 본즉 땅의 중앙에 한 나무가 있는데 고가 높더니 그 나무가 자라서 견고하여지고 그 고는 하늘에 닿았으니 땅 끝에서도 보이겠고 그 잎사귀는 아름답고 그 열매는 많아서 만민의 식물이 될 만하고 들짐승이 그 그늘에 있으며 공중에 나는 새는 그 가지에 깃들이고 무릇 혈기 있는 자가 거기서 식물을 얻더라. 내가 침상에서 뇌 속으로 받은 이상 가운데 또 본즉 한 순찰자 한 거룩한 자가 하늘에서 내려왔는데 그가 소리 질러 외쳐서 이처럼 이르기를 그 나무를 베고 그 가지를 찍고 그 잎사귀를 떨고 그 열매를 헤치고 짐승들로 그 아래서 떠나게 하고 새들을 그 가지에서 쫓아내라. 그러나 그 뿌리의 그루터기를 땅에 남겨두고 철과 놋줄로 동이고 그것으로 들 청초 가운데 있게 하라 그것이 하늘 이슬에 젖고 땅의 풀 가운데서 짐승으로 더불어 그 분량을 같이 하리라. 또 그 마음은 변하여 인생의 마음 같지 아니하고 짐승의 마음을 받아

일곱 때를 지나리라. 이는 순찰자들의 명령대로요 거룩한 자들의
말대로니 곧 인생으로 지극히 높으신 자가 인간 나라를 다스리시
며 자기의 뜻대로 그것을 누구에게든지 주시며 또 지극히 천한
자로 그 위에 세우시는 줄을 알게 하려 함이니라 하였느니라. 나
느부갓네살 왕이 이 꿈을 꾸었나니 너 벨드사살아 그 해석을 밝
히 말하라. 내 나라 모든 박사가 능히 그 해석을 내게 알게 하지
못하였으나 오직 너는 능히 하리니 이는 거룩한 신들의 영이 네
안에 있음이니라"(단 4:10-18).

꿈을 들은 다니엘은 놀랍고 번민했다(단 4:19). 그것은 꿈이
너무 무서운 꿈이었기 때문이다. 왕의 재촉에 다니엘은 즉시
꿈을 해석했다. 그것은 다음과 같다.

"왕이여 이 나무는 곧 왕이시라. 이는 왕이 자라서 견고하여지
고 창대하사 하늘에 닿으시며 권세는 땅 끝까지 미치심이니이다.
왕이 보신즉 한 순찰자, 한 거룩한 자가 하늘에서 내려와서 이르
기를 그 나무를 베고 멸하라 그러나 그 뿌리의 그루터기는 땅에
남겨두고 철과 놋줄로 동이고 그것을 들 청초 가운데 있게 하라
그것이 하늘 이슬에 젖고 또 들짐승으로 더불어 그 분량을 같이
하며 일곱 때를 지내리라 하더라 하시오니 왕이여 그 해석은 이
러하니이다. 곧 지극히 높으신 자의 명정하신 것이 내 주 왕에게
미칠 것이라. 왕이 사람에게서 쫓겨나서 들짐승과 함께 거하며
소처럼 풀을 먹으며 하늘 이슬에 젖을 것이요 이와 같이 일곱 때
를 지낼 것이라. 그때에 지극히 높으신 자가 인간 나라를 다스리
시며 자기의 뜻대로 그것을 누구에게든지 주시는 줄을 아시리이
다. 또 그들이 그 나무 뿌리의 그루터기를 남겨 두라 하였은즉
하나님이 다스리시는 줄을 왕이 깨달은 후에야 왕의 나라가 견고
하리이다"(단 4:22-26).

꿈을 해석한 다니엘이 왕에게 한 가지 제안을 하고 있다.

"그런즉 왕이여 나의 간구하는 것을 받으시고 공의를 행함으로
죄를 속하고 가난한 자를 긍휼히 여김으로 죄악을 속하소서. 그
리하시면 왕의 평안함이 혹시 장구하리이다"(단 4:27).

느부갓네살 왕은 계속해서 그의 성공은 자신이 행한 업적이라고 자화자찬 했다(단 4:29). 이러한 말을 하고 있을 때 하늘에서 소리가 나기를 "느부갓네살 왕아 네게 말하노니 나라의 위가 네게서 떠났느니라… 소처럼 풀을 먹을 것이요… 머리털이 독수리 털과 같고…"(단 4:31-33)라고 했다. 그가 본 꿈은 그대로 다 이루어졌다. 그는 꿈대로 7년 만에 회복되었다(단 4:34-37).

다니엘은 꿈을 해석할 때 아주 겸손하게, 정직하게, 용기있게 진실만을 말하였다. 다니엘의 꿈 해석으로 느부갓네살 왕은 자기 입으로 하나님을 고백했다.

> "지금 나 느부갓네살이 하늘의 왕을 찬양하며 칭송하며 존경하노니 그의 일이 다 진실하고 그의 행하심이 의로우심으로 무릇 교만하게 행하는 자를 그가 능히 낮추심이니라"(단 4:37).

하나님은 해몽가들을 통해서 삶을 변화시키는 것을 이처럼 볼 수 있다. 왕의 꿈 해석의 결과는 매우 좋았고 치료했고 성장을 가져왔다. 꿈은 꿈을 꾼 사람과 해석하는 사람들을 통하여 그들의 삶에 회복과 변화를 가져올 뿐만 아니라 사회적인 국가적인 회복도 가져오는 것을 알 수 있다.

다니엘은 꿈을 해석할 때 전적으로 하나님을 의지하였다. 그는 하나님이 지혜, 꿈, 해석의 근원이라고 확신했다. 다니엘은 늘 헌신적으로 주님께 반응했다. 다니엘은 오늘날 꿈의 본질을 우리에게 남겨 주었다. 꿈을 주신 분이 하나님이기 때문에 그 분이 아니고서는 아무도 꿈을 풀 길이 없는 것이다.

다니엘은 계속해서 꿈을 꾸었고 이상을 보았다. 다니엘이 본 4개의 이상과 해석은 다니엘서에서 찾을 수 있는데, 그는 나라의 멸망과 회복, 그리고 영원한 나라를 보았다. 다니엘이 본 이상을 묵시적 이상(apocalyptic visions)이라고 한다. 묵시는 한 시대의 종말과 또 다른 시대의 성취를 말하는 것이다. 그것은 예언을 말할 수도 있다. 유대인들은 박해와 억압의 시대에서 자유를 얻었다. 그들이 믿고 따르던 예언이 그대로 이루어졌다.

다니엘의 예언적 꿈은 다니엘서 7장에서 나타나기 시작한다.

> "바벨론왕 벨사살 원년에 다니엘이 침상에서 꿈을 꾸며 뇌 속으로 이상을 받고 그 꿈을 기록하며 그 일의 대략을 진술하니라"(단 7:1).

다니엘의 이상은 "하늘에 네 바람이 큰 바다로 몰려 불더니 큰 짐승 넷이 바다에서 나왔는데 그 모양이 각각 다르다"(단 7:2-3)고 했다. 여기에는 꿈과 이상이 섞여 있다.

묵시적으로 여러 동물들과 피조물들이 많은 상징들(many symbols)로 이용되고 있다.

다니엘이 받은 첫번째 이상과 꿈에서 4마리의 짐승이 나타났다. 첫째 짐승은 독수리의 날개를 가진 사자, 둘째 짐승은 갈빗대를 입에 물고 있는 곰, 셋째는 네 개의 머리와 날개있는 표범, 넷째는 철의 이빨을 가진 짐승과 10개의 작은 뿔, 그리고 사람의 눈과 입을 가지고 말하는 짐승이었다.

이 이상을 보는 과정에서 배경은 "한 분이 왕좌에 앉았고 그 옷은 희기가 눈 같고 머리는 깨끗한 양의 털 같고 그 보좌는 불꽃이요 그 바퀴는 붙는 불이며 불이 강처럼 흘러 그 앞에서 나오며 그에게 수종드는 자는 천천이요 그 앞에 시위한 자는 만만이며 심판을 베푸는 책들이 펴졌더라"(단 7:9-10)고 했다. 그때 작은 뿔을 한 네 번째 짐승이 죽임을 당했다.

다니엘의 이상은 계속되었다.

다니엘의 꿈과 이상은 하나님이 다시 깨달을 수 있도록 했다. 네 개의 짐승은 네 나라로 나타났다. 이것은 하나님의 백성들을 구원하기 위하여 예언한 것이다. 다시 우리는 다니엘의 또 다른 두 성격을(characteristics) 찾는다. 이상을 통하여 공급되는 꿈과 해석에서 대화로 진행되고 있다. 하나님은 꿈꾸는 자에게 꿈과 이상을 줄 뿐만 아니라 그것을 이해할 수 있게 했다. 자신의 꿈과 자신의 의식 사이에 협력은 분명한 꿈 이해를 가져오게 한다. 다니엘에게 나타난 이상은 문학적일 뿐만아니라 특별한 성격을 나타내고 있다.

다음에 나타나는 3가지 이상은 다니엘의 첫번째 이상의 메세지를 강도 높게 지지해 주고 있다.

다니엘의 두 번째 이상(단 8장)은 동물들을 더 상상하게 했다. 그는 두 뿔 가진 수양과 수 염소의 눈 사이에 뿔을 보았다. 두 동물들이 싸웠고 수 염소가 이겼는데 그의 뿔이 부러졌다. 그 부러진 뿔 대신에 작은 뿔 넷이 하늘 사방을 향하여 자라났다. 그것은 강하고 교만하여 하늘의 별들을 공격하고 또한 거룩한 성전을 헐었다. 그때 다니엘은 거룩한 음성을 들었는데 "포학한 것들은 멸망할 것이고 성소는 정결케 된다"는 것이었다.

가브리엘 천사는 다니엘의 이상을 해석하여 주었고 다니엘은 이 이상에 대한 설명에 놀랐다. 다니엘은 이 경험으로 혼절하여 여러 날을 병환으로 누웠었다(단 8:9).

다니엘의 세 번째 이상(단 9장)은 다니엘이 그의 백성들을 위하여 기도하는 중에 보았다. 선지자 예레미야로 말한 "예루살렘의 황무함이 70년 만에 마치리라"한 예언이었다. 민족을 사랑하는 다니엘이 자기 백성들을 위하여 용서를 간구하고 고백할 때에 가브리엘 천사는 그에게 나타나서 예레미야의 70년 기간의 뜻을 설명했다. 그것은 하나님의 심판이 예루살렘의 원수들에게 내린다는 것이다.

다니엘의 네 번째 이상(단 10장)은 천사들의 아름다운 모습을 그리고 있다. 그것은 다음에 나타나는 말씀을 통하여 이해할 수 있다.

> "정월 이십 사일에 내가 힛데겔이라 하는 큰 강가에 있었는데 그때에 내가 눈을 들어 바라본즉 한 사람이 세마포 옷을 입었고 허리에는 우바스 정금 띠를 띠었고 그 몸은 황옥 같고 그 얼굴은 번갯빛 같고 그 눈은 횃불 같고 그 팔과 발은 빛난 놋과 같고 그 말소리는 무리의 소리와 같더라"(단 10:4-6).

초인간적인 사람으로 나타나는 가브리엘 천사(단 10:13, 21)는 바사국군에 붙잡혀 있을 때 미가엘 천사의 도움으로 구출되었다. 이 미가엘 천사는 이스라엘의 수호천사(단 10:13; 12:1)라고 불린다. 이 천사들은 다니엘에게 일어날 역사적 사건들을 말해 주었다. 미가엘은 현재 그리고 미래에 전쟁이나 재난 가운데서 크리스천들의 보호를 담당하게 될 것이다. 또한 위험가운데서 구원의 일을 담당할 것이다. 구원은 부활이란 말을 함축하고 이상의 새로운 의미를 가진다. 하나님은 믿는 성도를 영원히 보호하고 계신 것을 우리는 믿는다.

> "땅의 티끌 가운데서 자는 자 중에 많이 깨어 영생을 얻는 자도 있겠고 수욕을 받아서 무궁히 부끄러움을 입을 자도 있을 것

구약성경에서 예수님이 이 땅에 오신다는 예언은 300여곳
이상을 말했다. 그 분이 이 땅에 오시기 수백년 전에 말이다.
다윗 가문의 상속자로(사 9:7), 베들레헴의 탄생(미 5:2), 태어
날 시기(단 9:25), 동정녀의 몸(사 7:14), 갈릴리 지역의 사역
(사 9:1,2), 유대인에게 배척(사 53:3), 나귀를 탐(슥 9:9), 제자
의 배신(시 41:9), 은삼십(슥 11:12), 고난의 침묵(사 53:7), 치
욕을 당함(사 50:6), 손발에 못박힘(사 53: 4, 5), 쓸개즙과 초를
줌(시 69:21), 창에 찔림(슥 12:10), 옷을 제비뽑음(시 22:18),
부활(시 16:10), 하나님의 보좌에 앉음(시 68:18) 등이 해당되
는데, 이와 같은 예언은 100% 성취되었다.
그렇다면 앞으로 우리에게 다가오는 세상의 일들을 어떻게
볼 것인가? 다니엘이 예언한 것은 다음과 같다.

문명의 발전은 우리의 생활을 편리하게도 하지만 때가 가까
웠다는 것을 말해준다. 과거 약 20년 사이에 발전한 컴퓨터는
우리의 안방에서 세계를 돌아다닐 수 있는 단계까지 왔다. 그
러나 앞으로 2000년대에 일어날 컴퓨터 칩 문제는 이 시대를
18세기로 되돌아가게 할 것이라고 말한다. 무엇보다 우리들은
경건한 생활로 역사 속에 성경의 예언들이 이루어지고 있음을
잊지 말아야 한다.

<적 용>

1. 일인칭 이야기로 말하라(너, 우리, 그들이라는 대명사를 사용하지 말라).

2. 소설처럼 줄거리를 만들어라.

3. 남이 아닌 자신의 꿈 이야기를 하라.

4. 현재의 자기 생활을 포함시켜라.

5. 자기의 꿈이야기를 통하여 하나님을 만나고, 예수님을 만나고, 성령님을 만나라.

6. 성경 본문을 벗어나는 일을 삼가라.

7. 자기의 생활에 적용하라.

4장 신약에 나타난 꿈들

1. 신약의 꿈 이해

유대인들은 꿈을 매우 중요하게 생각했다. 왜냐하면 꿈은 하나님으로부터 오는 것이라 생각했기 때문이다. 그들은 꿈을 성경이나 탈무드에서 잘 묘사하고 있다. 이렇게 기록된 꿈들은 그들에게 용기와 힘이 되었다. 따라서 이같은 꿈은 헬라 문화권에서도 상당한 비중을 차지하게 되었다. 헬라인들은 히브리인들 만큼이나 꿈과 이상을 숭상했다. 그들은 꿈이 하나님과의 대화의 채널이라고 믿었다.

역사적으로 보면 꿈 도서관들은 주전 5000년 옛 니느웨에 이미 존재했었다. 또한 애굽에 세라피스(Serapis)라는 꿈의 신이 있었는데 문헌에 의하면 특별히 헌신된 사람들은 성전에서 잠을 자면서 꿈으로 그 신과 대화를 나누었다고 했다.

이러한 역사적 자료들로 추측해 보건데, 가장 오래된 꿈해석은 애굽에서 비롯되었다고 볼 수 있다.

유대인들은 꿈(dream)과 이상(vision) 그리고 환상(trance)을 동등한 위치로 보았다. 그들은 꿈을 비판적으로 보지 않았다. 따라서 신약의 저자들은 구약의 저자들을 믿었고 꿈에 대하여 긍정적이었다. 구약에서 꿈꾼 사람들은 대부분 왕, 제사장, 선지자, 귀인들인 반면에 신약에서는 보통 사람들이었다. 이들은 여자, 목수, 어부, 죄수 등이다.

대부분의 꿈들은 선과 악으로 분리되고 그 꿈은 영적인 힘을 준다는 것을 믿었다. 선한 꿈과 이상은 하나님, 성령님, 천사들로부터 온다고 믿었다. 반면에 부정적이고 나쁜 꿈은 사탄으로부터 왔다고 인정했다.

예수님의 탄생 때 많은 유대인들은 로마의 통치로부터 그들을 구원할 사람이 하늘에서 온다고 강하게 믿었다. 선지자들은 메시야가 와서 온 세상을 지배할 것이라고 예언했다. 그들은 이 메시야가 다윗왕의 후손이 될 것이라고 믿었다. 이렇게 어지러운 시기에 팔레스틴 인구의 절반 정도가 유대인들이었다. 이들은 여러 지역에 흩어져 살았고 이방문화권 아래서 사는 것에 분노했다.

이런 삶 속에서도 유대인들은 보이지 않는 유일신 하나님께 예배했다. 하지만 이방인들은 보이는 신을 섬겼다. 유대인들은 외부의 침입, 정복, 포로 생활에서도 하나님께 예배드리는 것과 그들의 전통과 문화를 잃지 않았다. 이렇게 변하지 않는 삶의 연장이 아기 예수 탄생의 소식을 꿈을 통하여 접하게 된 것이다.

2. 목수 요셉의 꿈

"이 일을 생각할 때에 주의 사자가 현몽하여 가로되 다윗의 자손 요셉아 네 아내 마리아 데려오기를 무서워 말라. 저에게 잉태된 자는 성령으로 된 것이라. 아들을 낳으리니 이름을 예수라 하라. 이는 그가 자기 백성을 저희 죄에서 구원할 자이심이라 하니라. 이 모든 일의 된 것은 주께서 선지자로 하신 말씀을 이루려 하심이니 가라사대 보라 처녀가 잉태하여 아들을 낳을 것이요 그 이름은 임마누엘이라 하리라 하셨으니 이를 번역한즉 하나님이 우리와 함께 계시다 함이라. 요셉이 잠을 깨어 일어나서 주의 사자의 분부대로 행하여 그 아내를 데려 왔으나 아들을 낳기까지 동침치 아니하더니 낳으매 이름을 예수라 하니라"(마 1:20-25).

이 꿈은 괴로움에 빠져있는 요셉에게 삶의 방향을 제시하여 주고 있다. 그는 꿈꾸기 전에 이미 마리아가 임신한 것을 알고 있었다. 그래서 그는 마리아와의 사이를 조용히 정리하고자 했다. 요셉은 의로운 사람이라 사람의 생명을 귀하게 생각했다. 만약 요란스럽게 일을 처리하면 종교법에 따라 마리아는 돌에 맞아 죽고 그녀 안에 있는 아기도 죽게 될 것이기 때문이다. 또한 그가 정혼했던 여인이 수치를 당하는 것을 원치 않았기 때문이다. 따라서 요셉은 마리아와 조용히 약혼을 취소하고 그녀를 안전하게 보내기를 원했다.

하지만 요셉은 꿈에서 깨어나 마리아를 그의 아내로 받아들였다. 기독교인의 입장에서 보면, 요셉이 취한 반응은 마리아를 용납했고 사랑했고 보호한 것이다. 요셉의 꿈은 계속되어 아기 예수를 보호하기 위하여 사용되고 있는 것을 볼 수 있다.

"저희가 떠난 후에 주의 사자가 요셉에게 현몽하여 가로되 헤롯이 아기를 찾아 죽이려 하니 일어나 아기와 그의 모친을 데리고 애굽으로 피하여 내가 네게 이르기까지 거기 있으라 하시니 요셉이 일어나서 밤에 아기와 그의 모친을 데리고 애굽으로 떠나가"(마 2:13-14).

"헤롯이 죽은 후에 주의 사자가 애굽에서 요셉에게 현몽하여 가로되 일어나 아기와 그 모친을 데리고 이스라엘 땅으로 가라. 아기의 목숨을 찾던 자들이 죽었느니라 하시니"(마 2:19-20).

"그러나 아켈라오가 그 부친 헤롯을 이어 유대의 임금됨을 듣고 거기서 가기를 무서워 하더니 꿈에 지시하심을 받아 갈릴리 지방으로 떠나가 나사렛이란 동네에 와서 사니 이는 선지자로 하신 말씀에 나사렛 사람이라 칭하리라 하심을 이루려 함이러라"(마 2:2-23).

요셉의 꿈은 해석을 요하지 않는 메세지였다. 신약에 나타난 꿈들은 이처럼 모두가 특별한 해석을 요하지 않았다. 아기 예수님은 아버지 요셉의 꿈과 동방박사들의 꿈을 통하여 안전하게 보호되었다.

"꿈에 헤롯에게로 돌아가지 말라 지시하심을 받아 다른 길로
고국에 돌아가니라"(마 2:12).

<적 용>

1. 일인칭 이야기로 말하라(너, 우리, 그들이라는 대명사를
사용하지 말라).
2. 소설처럼 줄거리를 만들어라.
3. 남이 아닌 자신의 꿈 이야기를 하라.
4. 현재의 자기 생활을 포함시켜라.
5. 자기의 꿈이야기를 통하여 하나님을 만나고, 예수님을 만
나고, 성령님을 만나라.
6. 성경 본문을 벗어나는 일을 삼가라.
7. 자기의 생활에 적용하라.

<모델 2 : 요셉 이야기>

(마태복음 1:18-2:23)

추운 겨울이었습니다. 로마 정부는 세금을 부과하기 위하여
인구 조사의 날을 만들어 이스라엘 사람들 모두는 자기가 태
어난 고향으로 돌아가도록 했습니다. 나는 만삭이 된 아내 마
리아를 데리고 내가 태어난 베들레헴 동네로 갔습니다. 그 당
시에는 엠블란스도 없었기 때문에 금방 아기를 낳을 것만 같
은 아내를 당나귀에 태우고 70마일이 넘는 험한 길을 부지런
히 걸어서 베들레헴에 도착했습니다.

베들레헴은 나의 고향이요 옛 다윗의 고향이기도 한 동네입
니다. 나는 고향에 도착하자 마자 진통이 시작된 아내를 위하

여 여관 방을 구하기 위하여 애썼지만 이미 여관들은 먼저 도착한 사람들로 초만원을 이루었습니다. 설상가상으로 옆에 있는 아내의 신음소리는 진통의 속도가 빨라지고 있다는 것을 느낄 수가 있었습니다. 나는 다시 여관으로 가서 사정을 했습니다. 역시 또 거절당했습니다. 절망한 상태로 돌아오는데 여관집 하인이 우리의 사정을 이해하고 우리를 헛간으로 안내해 주었습니다. 그 하인은 우리에게 따뜻한 차를 대접해 주고 당나귀에게도 먹을 것을 주었습니다.

베들레헴에 사는 믿음있는 목자들은 선지자들의 예언의 말씀을 따라 메시야가 올 것이라고 군중들에게 말했습니다. 마치 오늘날 전철역이나 길 거리에서 극성맞은 사람들이 종말이 왔다고 예수이름으로 외치는 것과 다를 바가 없었습니다. 그들은 미가 선지자의 말을 인용하였습니다.

우리 나라는 말라기 선지자의 시대가 끝나고 400년 동안 하나님이 침묵하셨기 때문에 모두가 메시야를 통하여 나라가 일어날 것을 믿고 있었습니다. 모든 사람은 긴 시간 동안 나라를 구원하여 줄 메시야를 기다렸습니다. 하여간 나는 아기가 태어나던 날 밤 내가 전에 한 번도 보지 못한 굉장한 섬광을 내는 별 하나를 보았습니다. 이것은 장마철에 번쩍이는 번갯불과 비교할 수 없는 빛이었습니다. 보통 빛은 한번 번쩍했다가 사라지는데 우리 아기가 태어나던 밤하늘의 광명한 별빛은 좀처럼 사라지지를 않았습니다. 점점 더 강하게 비추었습니다. 그 별은 우리가 머물고 있는 지붕 위에 머물렀습니다.

새벽쯤 되었을 때 밖에는 사람들의 웅성거리는 소리가 들렸습니다. 나가보니 여러 명의 양을 치는 목자들이 몰려왔습니다. 그리고 나에게 오늘 태어난 아기를 보게 해 달라고 했습니다. 목자들의 얼굴 표정은 너무 행복해 보였습니다.

그들은 어떻게 알았는지 이 아기가 "메시야이시다"라고 하면서 모두가 엎드려 경배를 했습니다. 우리에게 방을 거절한 여관집 주인도 무슨 일이 일어났는가 와보고 무서워 떨었습니다. 나는 조용히 한 목자에게 물어보았습니다. "당신이 어떻게 알고 여기에 찾아 왔습니까?" 목자의 대답은 하나님의 천사가 가르쳐 주었다고 했습니다. 목자들이 본 밤하늘에 섬광은 내가 보았던 그것과 같았습니다.

목자들은 덧붙여 말하기를 수많은 천군천사들이 양치는 목자들에게 내려와 하나님을 찬송했다고 했습니다.

목자들이 와서 경배하는 아기를 내가 안아 보는 것은 말할 수 없는 기쁨이었습니다. 나는 직업이 목수이기에 톱질을 하고 망치질을 합니다. 따라서 내 손은 그렇게 부드럽지 못했습니다. 내 손은 울퉁불퉁하고 굳은살이 박히고 갈라졌습니다. 이러한 손으로 메시야로 태어난 왕중의 왕이신 아기를 안아 본다는 것은 축복이요 기쁨이요 행복이었습니다.

한밤중에 찾아온 목자들은 아기께 경배하고 돌아갔습니다. 목자들은 대개 무뚝뚝하고 거친 사람들인데 오늘 만큼은 공손하고 매우 점잖아 보였습니다. 그리고 그들의 얼굴은 행복해 하는 미소를 지었습니다. 전에 마리아가 나에게 와서 하나님의 아들을 임신하였다고 했을 때 나는 믿지를 못하고 매우 화가 났습니다. 나는 당장 파혼을 하려고 생각했습니다. 그날밤 꿈에 주의 사자가 나타나 나에게 모든 일을 말해 주었습니다. 그 때 내 속에 일어나는 증오는 사라지고 평화가 넘쳤습니다. 그때 내가 그 평화를 거절했다면 오늘과 같은 영광을 얻을 수가 없었을 것입니다.

나는 아기가 태어난 지 8일이 되는 날 할례를 위하여 6마일쯤 떨어진 예루살렘에 올라갔습니다. 그 때 시므온이라 하는 사람이 아기의 울음소리를 듣고 와서 이렇게 찬송했습니다.

"주재여 이제는 말씀하신 대로 종을 평안히 놓아주시는도다. 내 눈이 주의 구원을 보았사오니 이는 만민 앞에 예비하신 것이요 이방을 비추는 빛이요 주의 백성 이스라엘의 영광이니이다" (눅 2:29-31).

또한 과부된 지 84년 된 안나라고 하는 여선지자도 남편을 잃고 주야로 금식하며 메시야를 기다렸나가 우리 아기를 보고 이는 백성을 죄에서 구원할 자라고 말했습니다.

이러한 일이 있은 여러날 후 매우 부자로 보이는 동방박사라고 부르는 세 사람이 우리 아기를 보러 왔습니다. 그들도 하늘에 빛나는 별을 보고 우리를 찾아왔습니다. 그들은 여러 명의 하인들도 데리고 왔습니다. 세 명의 박사들은 아기를 보자마자 왕을 만난 것처럼 무릎을 꿇고 아기에게 절을 했습니다. 그리고 그들이 준비해 온 선물을 드렸습니다. 그 선물은 유황과 몰약과 황금이었습니다. 나처럼 가난한 사람은 한번도 보지도 만져 보지도 못한 귀한 선물이었습니다.

동방박사들이 떠난 후 주의 사자가 꿈에 나타나 헤롯이 아기를 죽이려 하니 애굽으로 피하여 내가 지시할 때 까지 거기

있으라고 했습니다. 주의 사자가 나에게 말하여 준 것과 같이
베들레헴과 예루살렘에는 집집마다 울음이 그치지 않았습니
다. 그것은 헤롯이 보낸 군병들이 아기들을 죽였기 때문입니
다. 선지자들의 예언에 따라 베들레헴 조그마한 동네에 나라
를 구원할 왕이 태어났다는 소문이 퍼지자 사악한 헤롯은 명
을 내려 두 살 아래에 있는 남자 아이는 다 죽이라고 했던 것
입니다. 나는 무서웠습니다. 아기를 얻은 기쁨으로 즐거워하고
있는데 온 동네는 갑자기 울음소리로 바뀌었습니다. 아기를
잃어보지 않은 사람은 이해할 수 없을 것입니다. 밤낮으로 예
루살렘과 베들레헴으로 오가는 거리에는 슬픔으로 가득찼습니
다. 울음으로 가득찼습니다.

주의 사자의 지시에 따라 나는 여러 달 동안 애굽에 내려가
살았습니다. 다시 주의 사자는 내 꿈에 나타나 이스라엘 땅으
로 오라고 했습니다. 아기의 목숨을 노리던 자가 죽었다는 것
이었습니다. 돌아오는 길에 주의 사자는 나에게 다시 나타나
서 갈릴리 지방 나사렛으로 가라고 알려 주었습니다. 하나님
은 나에게 아기를 보호하기 위하여 세 번씩이나 꿈에 나타나
우리를 인도하여 주었습니다.

나는 아기를 보호하기 위해 여러 해를 피하여 다녔습니다.
해를 거듭할 때마다 첫 아기 탄생의 때를 잊지 못합니다. 아
기 탄생을 알리는 천사들의 노래 소리와 유난히 빛나던 그 별
빛은 항상 내 안에 머물고 있습니다. 목자들이 경배하고, 동방
박사들이 절하던 그 아기가 예수 그리스도입니다.

3. 예수님과 꿈

"내가 진실로 진실로 너희에게 이르노니 양의 우리에 문으로 들어가지 아니하고 다른 데로 넘어가는 자는 절도며 강도요 문으로 들어가는 이가 양의 목자라. 문지기는 그를 위하여 문을 열고 양은 그의 음성을 듣나니 그가 자기 양의 이름을 각각 불러 인도하여 내느니라. 자기 양을 다 내어 놓은 후에 앞서 가면 양들이 그의 음성을 아는고로 따라 오되 타인의 음성은 알지 못하는고로 타인을 따르지 아니하고 도리어 도망하느니라. 예수께서 이 비유로 저희에게 말씀하셨으나 저희는 그 하신 말씀이 무엇인지 알지 못하니라"(요 10:1-6).

우리는 성경에서 예수님의 꿈을 기록한 부분을 얻지 못했다. 위의 본문은 예수님이 비유로 목자와 양의 관계를 말씀한 것이다. 예수님은 비유로 천국의 많은 비밀들을 우리들에게 말씀하셨다. 그러한 내용들은 꿈들로 우리에게 머물고 있다. 예수님은 육신의 세계에서 영적인 진리를 가르치기 위하여 사람들, 사건들, 사물들을 사용했다. 예수님의 삶은 신성과 인성이 완전히 결합된 것이었다. 예수님은 꿈으로 하나님 아버지와 대화하기 보다는 모세처럼 직접 아버지와 대화를 하였다.

"이는 내 사랑하는 아들이요 내 기뻐하는 자라"(마 3:17).

우리가 알고 있듯이 예수님의 탄생과 삶에서의 중요한 경험들은 꿈들과 천사들과 비전들을 동반하고 있다. 완전하신 예수님은 영적인 능력으로 육신의 세계에 영향을 주셨다. 그는 악한 영과 귀신들을 물리치셨고 천사에 관하여 말씀하기도 했다.

가끔씩 예수님은 하나의 꿈을 해석하듯이 이야기를 설명하셨다. 양의 문은 그 분 자신을 말한 것이고 절도와 강도는 거짓 선지자들을 말한 것이다. 또 타인은 그들 자신들을 말한 것이다. 이 이야기는 예수님이 꿈을 말하듯이 말씀한 이야기이다.

"그러므로 예수께서 다시 이르시되 내가 진실로 진실로 너희에
게 말하노니 나는 양의 문이라. 나보다 먼저 온 자는 다 절도요
강도니 양들이 듣지 아니하였느니라. 내가 문이니 누구든지 나로
말미암아 들어가면 구원을 얻고 또는 들어가며 나오며 꼴을 얻으
리라. 도적이 오는 것은 도적질하고 죽이고 멸망시키려는 것뿐이
요 내가 온 것은 양으로 생명을 얻게 하고 더 풍성히 얻게 하려
는 것이라. 나는 선한 목자라. 선한 목자는 양들을 위하여 목숨
을 버리거니와 삯꾼은 목자도 아니요 양도 제 양이 아니라 이리
가 오는 것을 보면 양을 버리고 달아나나니 이리가 양을 늑탈하
고 또 헤치느니라. 달아나는 것은 저가 삯꾼인 까닭에 양을 돌아
보지 아니함이나 나는 선한 목자라. 내가 내 양을 알고 양도 나
를 아는 것이 아버지께서 나를 아시고 내가 아버지를 아는 것 같
으니 나는 양을 위하여 목숨을 버리노라"(요 10:7-15).

예수님의 이야기에 등장하는 사람들은 어린이, 노동자, 농
부, 포도원 주인, 하인, 집주인, 왕, 지주 등이다. 그의 이야기
사건의 내용들은 결혼잔치, 만찬, 씨뿌림, 고용인, 시장 등이
다. 그분이 사용한 상징적인 용어들은 꽃, 새, 나무, 포도나무,
소금, 빛, 보화, 돈, 잃은 양과 동전, 누룩, 빵, 집, 길, 문 등이
다. 예수님이 사용한 생생한 그림같은 언어를 아래에서 당신
의 시선으로 집중해 보라.

 - 씨뿌리는 자(마 13:3-8; 막 4:3-8)

 - 가라지(마 13:24-30; 눅 8:5-8)

 - 감추인 보화(마 13:44; 눅 13:21)

 - 누룩(마 13:33; 눅 13:19)

 - 값진 진주(마 13:45,46)

 - 바다의 그물(마 13:47-50)

 - 무자비한 종(마 18:2335)

 - 포도원의 품꾼들(마 20:1-16)

 - 두 아들(마 21:28-32)

 - 사악한 농부들(마 21:33-46; 막 12:1-12; 눅 20:9-19)

- 임금 아들의 혼인잔치(마 22:1-14)

- 열 처녀(마 25:1-13)

- 달란트(마 25:14-30)

- 양과 염소(마 25:31-46)

- 비밀리에 자라는 씨(막 4:26-29)

- 두 채무자(눅 7:41-43)

- 선한 사마리아인(눅 10:25-37)

- 밤중의 친구(눅 11:5-8)

- 어리석은 부자(눅 1:16-21)

- 지혜있는 청지기(눅 12:42-48)

- 열매없는 무화과 나무(눅 13:6-9)

- 대만찬(눅 14:16-24)

- 잃어버린 양(눅 15:4-7)

- 잃어버린 주화(눅 15:8-10)

- 탕자(눅 15:11-32)

- 불의한 청지기(눅 16:1-9)

- 부자와 나사로(눅 16:19-31)

- 무익한 종(눅 17:7-10)

- 불의한 재판관(눅 18:10-14)

- 열 므나(눅 19:12-27)

- 포도나무(요 15:1-6)

예수님은 우리가 그림처럼 볼 수 있는 방대한 언어들을 사용하셨다. 예수님이 꿈의 소재들을 우리들에게 많이 주었다고 본다. 그러므로 예수님도 꿈을 배제하였다고는 볼 수 없다.

<적 용>

1. 일인칭 이야기로 말하라(너, 우리, 그들이라는 대명사를

사용하지 말라).

2. 소설처럼 줄거리를 만들어라.

3. 남이 아닌 자신의 꿈 이야기를 하라.

4. 현재의 자기 생활을 포함시켜라.

5. 자기의 꿈이야기를 통하여 하나님을 만나고, 예수님을 만나고, 성령님을 만나라.

6. 성경 본문을 벗어나는 일을 삼가라.

7. 자기의 생활에 적용하라.

4. 베드로의 환상

"가로되 내가 욥바 성에서 기도할 때에 비몽사몽간에 환상을 보니 큰 보자기 같은 그릇을 네 귀를 매어 하늘로부터 내리워 내 앞에까지 드리우거늘 이것을 주목하여 보니 땅에 네 발 가진 것과 들짐승과 기는 것과 공중에 나는 것들이 보이더라. 또 들으니 소리 있어 내게 이르되 베드로야 일어나 잡아 먹으라 하거늘 내가 가로되 주여 그럴 수 없나이다. 속되거나 깨끗지 아니한 물건은 언제든지 내 입에 들어간 일이 없나이다 하니 또 하늘로부터 두 번째 소리 있어 내게 대답하되 하나님이 깨끗하게 하신 것을 네가 속되다 말라 하더라. 이런 일이 세 번 있은 후에 모든 것이 다시 하늘로 끌려 올라가더라. 마침 세 사람이 내 우거한 집 앞에 섰으니 가이사랴에서 내게로 보낸 사람이라"(행 11:5-11).

꿈은 사도시대에도 하나님과 대화의 용도로 사용되었다. 베드로가 본 환상은 유대인이 아닌 이방인에 초점을 맞추는 계시였다. 이 환상은 음식의 법규에 대하여 바꾸라는 것이 아니라 베드로 자신의 태도를 바꾸라는 것이다. 지금까지 유대인들은 메시야가 이방인들을 위하여 있다고 생각하지 않았다. 이 특별한 환상은 베드로의 마음문을 열게 하여 하나님의 축

복이 유대인과 이방인 모두를 위한 것이라는 사실을 깨닫게
했다.

베드로에게 나타난 꿈, 즉 환상은 메시야를 믿는 모든 공동
체에 속한 사람을 위한 것이다. 욥바에서 본 베드로의 환상은
가이샤라의 이방인의 초대를 받았다. 베드로는 무할례자의 집,
즉 이방인의 집에 초대되어 함께 식사를 나눈 것이 유대인들
로부터 많은 질책을 받았다(행 11:2-3).

베드로의 환상은 이방인과 유대인과의 다리를 연결시키는
전환점이 되었다. 이러한 꿈은 이방인들을 향한 베드로의 태
도를 바꾸는 중요한 역할을 했다. 결과적으로 베드로는 복음
을 들고 고넬료의 집에 가서 그의 가족 모두를 구원시켰다.

<적 용>

1. 일인칭 이야기로 말하라(너, 우리, 그들이라는 대명사를
사용하지 말라).

2. 소설처럼 줄거리를 만들어라.

3. 남이 아닌 자신의 꿈 이야기를 하라.

4. 현재의 자기 생활을 포함시켜라.

5. 자기의 꿈이야기를 통하여 하나님을 만나고, 예수님을 만
나고, 성령님을 만나라.

6. 성경 본문을 벗어나는 일을 삼가라.

7. 자기의 생활에 적용하라.

5. 바울의 환상

신약에서 꿈과 이상을 경험한 사람을 말한다면 바울을 빼놓을 수 없다. 바울은 자신을 소개하기를 "나는 유대인으로 길리기아 다소에서 났고 이 성에서 자라 가말리엘의 문하에서 우리 조상들의 율법의 엄한 교훈을 받았고 오늘 너희 모든 사람처럼 하나님께 대하여 열심하는 자라"(행 22:3)고 했다. 이 바울이 다메섹 도상에서 그리스도 예수를 만난 후부터 힘들고 지칠 때마다 하나님은 꿈과 이상으로 그에게 나타나셨다. 바울은 그리스도를 영접하고 나서 비밀을 가졌는데 그가 14년 동안 천상을 본 것을 말하지 않았다가 지금 말하고 있다.

> "무익하나마 내가 부득불 자랑하노니 주의 환상과 계시를 말하리라. 내가 그리스도 안에 있는 한 사람을 아노니 십사 년 전에 그가 셋째 하늘에 이끌려 간 자라 (그가 몸 안에 있었는지 몸 밖에 있었는지 나는 모르거니와 하나님은 아시느니라). 내가 이런 사람을 아노니 (그가 몸 안에 있었는지 몸 밖에 있었는지 나는 모르거니와 하나님은 아시느니라) 그가 낙원으로 이끌려가서 말할 수 없는 말을 들었으니 사람이 가히 이르지 못할 말이로다. 내가 이런 사람을 위하여 자랑하겠으나 나를 위하여는 약한 것들 외에 자랑치 아니하리라"(고후 12:1-5).

바울은 자신이 체험한 비밀을 설명하고 있다. 그는 셋째 하늘까지 올라갔다 왔다고 했다. 일반적으로 첫째 하늘은 대기권이고, 둘째 하늘은 우주이고, 셋째 하늘은 하나님과 천사들이 거하는 곳을 말한다. 히브리인들의 우주관은 다음과 같다.

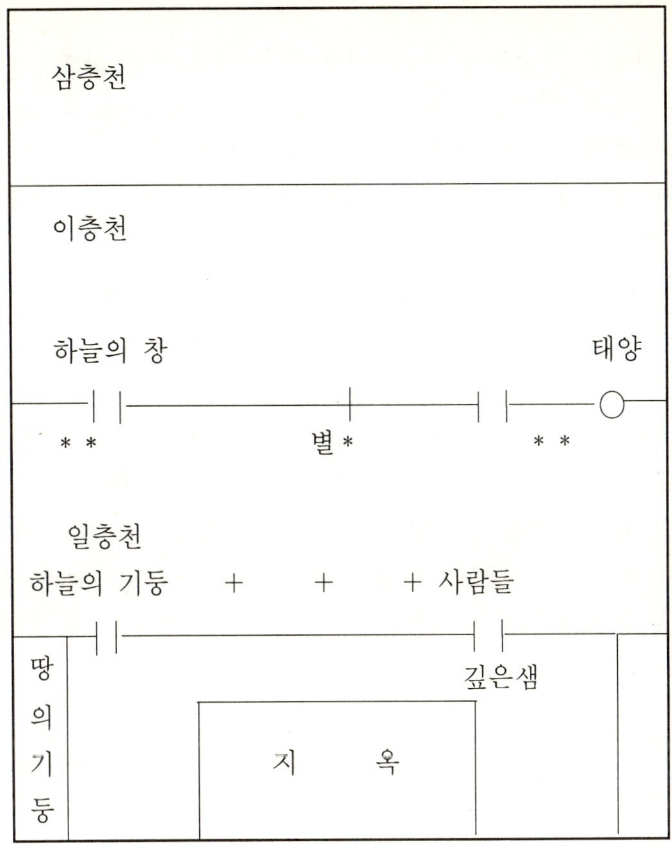

셋째 하늘은 다른 말로 말한다면 에덴동산(창 2:8; 사 51:3), 하나님이 계신 곳(겔 28:13; 31:8)이라고 말할 수 있다. 바울이 14년 전에 이러한 환상을 본 시기를 추척하여 보면 이렇다. 그는 주후 35년에 다메섹 도상에서 그리스도를 만났다. 그리고 그는 곧바로 3년 동안 아라비아 광야로 내려갔고, 그 후에 다시 다메섹으로 돌아왔다가 예루살렘을 방문하여 15일을 유하다가(갈 1:17-19) 다시 자기 고향인 다소로 갔다. 바울이 이렇게 빠르게 이동하고 있는 것은 그를 반겨주는 사람이 없었을 뿐만 아니라 유대인들이 그를 매우 미워하였기 때문이었다. 바울은 다소에서 약 8년이란 오랜 시간 동안 외로움과 좌절, 그리고 내적인 고통 속에 있었다. 폴락(Pollock)이라는 사람의 말에 의하면 바울은 다소 고향 집에 머물러 있지 않고 외딴 굴(성바울 동굴이라고 부름)에 들어가 기도 중에 3층천에 갔다 왔을 가능성이 많다고 했다(주후 41-42).

드디어 바울은 바나바의 도움으로 주후 45년경에 안디옥 교회에서 정식으로 하나님의 일을 시작하였다. 바울의 꿈과 이상은 그가 매우 힘든 시기에 있었다. 그것은 하나님이 그에게 용기를 잃지 않게 하기 위함이라고 생각한다. 그는 회심하여 하나님의 일을 적극적으로 하려고 했지만 유대인들의 반대로 또는 주의 형제들의 의심으로 거절되고 말았다. 바울은 한 마디로 말해서 쓸모없는 사람이 되었다. 하지만 하나님의 생각은 달랐다. 하나님은 바울을 부를 때의 약속대로 그를 훈련시키고 있었던 것이었다.

"주께서 가라사대 가라 이 사람은 내 이름을 이방인과 임금들과 이스라엘 자손들 앞에 전하기 위하여 택한 나의 그릇이라"(행 9:15).

이처럼 하나님은 바울이 좌절하지 않도록 그에게 영적인 문을 열고 천상에 대한 이상을 보게 하였던 것이다.

바울의 또 다른 이상은 그가 2차 전도여행때 드로아에서 본 이상이다.

"밤에 환상이 바울에게 보이니 마게도냐 사람 하나가 서서 그에게 청하여 가로되 마게도냐로 건너와서 우리를 도우라 하거늘 바울이 이 환상을 본 후에 우리가 곧 마게도냐로 떠나기를 힘쓰니 이는 하나님이 저 사람들에게 복음을 전하라고 우리를 부르신 줄로 인정함이러라"(행 16:9-10).

바울은 소아시아에 있는 에베소 쪽으로 가려고 했다. 그러나 성령께서는 이 계획을 허락하지 않았다. 그래서 바울은 다시 두 번째 작전 계획을 세웠다. 그는 방향을 바꾸어 갈라디아 지방을 거쳐 비두니아 지방으로 북상하려고 했다. 이 계획 또한 성령께서 막으셨다. 이때 바울은 좌절할 수밖에 없었다. 이러한 상황에서 바울이 이상을 본 것이다.

항상 바울은 고난과 핍박 그리고 좌절을 당할 때 하나님은 그에게 나타나 꿈과 이상으로 용기와 위로를 하여 주었다.

"실라와 디모데가 마게도냐로서 내려오매 바울이 하나님의 말씀에 붙잡혀 유대인들에게 예수는 그리스도라 밝히 증거하니 저희가 대적하여 훼방하거늘 바울이 옷을 떨어 가로되 너희 피가 너희 머리로 돌아갈 것이요 나는 깨끗하니라. 이 후에는 이방인에게로 가리라 하고 거기서 옮겨 하나님을 공경하는 디도 유스도라 하는 사람의 집에 들어가니 그 집이 회당 옆이라. 또 회당장 그리스보가 온 집으로 더불어 주를 믿으며 수다한 고린도 사람도 듣고 믿어 세례를 받더라. 밤에 주께서 환상 가운데 바울에게 말씀하시되 두려워하지 말며 잠잠하지 말고 말하라. 내가 너와 함께 있으매 아무 사람도 너를 대적하여 해롭게 할 자가 없을 것이니 이는 이 성중에 내 백성이 많음이라 하시더라. 일년 육개월을 유하며 그들 가운데서 하나님의 말씀을 가르치니라"(행 18:5-11).

하나님은 바울에게 꿈을 통하여 신령한 인도를 했다. 그는 고린도에서 유대인들에게 그리스도 예수의 복음을 증거했다. 그러나 그들은 바울이 전하는 복음을 거절했다. 그래서 복음은 이방인에게 전해지게 되었다. 바울은 자리를 옮겨 디도 유스도라는 사람의 집에 머물면서 복음을 가르쳤는데 집 옆에 회당이 있었다. 놀랍게도 회당장 그리스보가 복음을 듣고 예수를 영접했다. 그때 부터 많은 고린도인들이 예수를 믿고 세례를 받았다.

하지만 바울에게는 고린도에서 계속 복음을 전하는 것이 불안과 두려움을 더하게 했다. 그 때 하니님은 잠자고 있는 바울에게 나타나 "고린도에서 너를 해할 자가 없다"고 확신을 주었다.

<적 용>

1. 일인칭 이야기로 말하라(너, 우리, 그들이라는 대명사를 사용하지 말라).
2. 소설처럼 줄거리를 만들어라.
3. 남이 아닌 자신의 꿈 이야기를 하라.
4. 현재의 자기 생활을 포함시켜라.
5. 자기의 꿈이야기를 통하여 하나님을 만나고, 예수님을 만나고, 성령님을 만나라.
6. 성경 본문을 벗어나는 일을 삼가라.
7. 자기의 생활에 적용하라.

6. 요한의 이상

AD. 95-96경 도미티안 말년에 종교적인 박해로 요한은 밧모섬에 유배되었다. 이 곳은 소아시아 서편에서 약 35마일 떨어진 외롭고 황량한 섬으로서 영어의 씨(C)자 처럼 생겼고 지름은 8마일 쯤 되며 나무도 없고 거의 식물도 귀한 거친 바위와 언덕으로 된 곳이다. 따라서 밧모섬은 먹을 음식물도, 편하게 잘만한 처소도, 입을 옷도 얻을 수 없는 곳이다. 이러한 곳에서 요한은 말할 수 없는 이상을 보았다. 그것은 아시아 7곱 교회에 보내는 메세지, 대환란, 백보좌 심판, 새예루살렘이다.

첫번째 이상(1:9-3:33)

"나 요한은 너희 형제요 예수의 환난과 나라와 참음에 동참하는 자라. 하나님의 말씀과 예수의 증거를 인하여 밧모라 하는 섬에 있었더니 주의 날에 내가 성령에 감동하여 내 뒤에서 나는 나팔소리 같은 큰 음성을 들으니 가로되 너 보는 것을 책에 써서 에베소, 서머나, 버가모, 두아디라, 사데, 빌라델비아, 라오디게아 일곱 교회에 보내라 하시기로 몸을 돌이켜 나더러 말한 음성을 알아 보려고 하여 돌이킬 때에 일곱 금촛대를 보았는데 촛대 사이에 인자 같은 이가 발에 끌리는 옷을 입고 가슴에 금띠를 띠고 그 머리와 털의 희기가 흰 양털같고 눈 같으며 그의 눈은 불꽃같고 그의 발은 풀무에 단련한 빛난 주석 같고 그의 음성은 많은 물소리와 같으며 그 오른손에 일곱 별이 있고 그 입에서 좌우에 날선 검이 나오고 그 얼굴은 해가 힘있게 비취는 것 같더라. 내가 볼 때에 그 발 앞에 엎드러져 죽은 자같이 되매 그가 오른손을 내게 얹고 가라사대 두려워 말라. 나는 처음이요 나중이니 곧 산 자라. 내가 전에 죽었었노라. 볼찌어다 이제 세세토록 살아있어 사망과 음부의 열쇠를 가졌노니 그러므로 네 본 것과 이제 있는 일과 장차 될 일을 기록하라."

여기서 요한이 본 예수님의 모습은 7가지로 묘사되고 있다.
1) 머리가 흰 분,
2) 불꽃같은 눈을 가진 분
3) 빛난 주석같은 발을 가진 분
4) 물소리 같은 음성을 가지신 분
5) 일곱 별을 든 분
6) 날선 검과 같은 입을 가진 분
7) 얼굴이 해같은 분

두 번째 이상(4:1-16:21)

두 번째 이상은 길고 많은 이미지와 행동을 포함하고 있다.

이 이상은 밧모섬에서 하늘로 이동하고 있다. 이 장소가 곧 하나님의 보좌이다. 여기에 나타나는 단어들은 어린양, 여자, 용, 어린아이, 천사장, 바다에서 나오는 짐승, 땅에서 올라오는 짐승 그리고 성도들이다.

"이 일 후에 내가 보니 하늘에 열린 문이 있는데 내가 들은 바 처음에 내게 말하던 나팔소리 같은 그 음성이 가로되 이리로 올라 오라. 이 후에 마땅히 될 일을 내가 네게 보이리라 하시더라. 내가 곧 성령에 감동하였더니 보라 하늘에 보좌를 베풀었고 그 보좌 위에 앉으신 이가 있는데 앉으신 이의 모양이 벽옥과 홍보석 같고 또 무지개가 있어 보좌에 둘렸는데 그 모양이 녹보석 같더라. 또 보좌에 둘려 이십사 보좌들이 있고 그 보좌들 위에 이십사 장로들이 흰 옷을 입고 머리에 금면류관을 쓰고 앉았더라. 보좌로부터 번개와 음성과 뇌성이 나고 보좌 앞에 일곱 등불 켠 것이 있으니 이는 하나님의 일곱 영이라. 보좌 앞에 수정과 같은 유리 바다가 있고 보좌 가운데와 보좌 주위에 네 생물이 있는데 앞뒤에 눈이 가득하더라. 그 첫째 생물은 사자 같고, 그 둘째 생물은 송아지 같고, 그 셋째 생물은 얼굴이 사람 같고, 그 넷째 생물은 날아가는 독수리 같은데 네 생물이 각각 여섯 날개가 있고 그 안과 주위에 눈이 가득하더라. 그들이 밤낮 쉬지 않고 이르기를 거룩하다 거룩하다 거룩하다 주 하나님 곧 전능하신 이여 전에도 계셨고 이제도 계시고 장차 오실 자라 하고 그 생물들이 영광과 존귀와 감사를 보좌에 앉으사 세세토록 사시는 이에게 돌릴 때에 이십사 장로들이 보좌에 앉으신 이 앞에 엎드려 세세토록 사시는 이에게 경배하고 자기의 면류관을 보좌 앞에 던지며 가로되 우리 주 하나님이여 영광과 존귀와 능력을 받으시는 것이 합당하오니 주께서 만물을 지으신지라. 만물이 주의 뜻대로 있었고 또 지으심을 받았나이다"(계 4:1-11).

여기서 네 생물은 피조물의 왕자란 점을 기억하라. 사자는 짐승의 왕자이고, 송아지는 가축의 왕자이고, 사람은 만물의 왕자이고, 독수리는 조류의 왕자이다. 또한 어거스틴은 네 생물이 사복음서를 의미한다고 했다. 사자는 왕으로서의 예수님을 묘사한 마태복음이고, 송아지는 종으로서의 예수님을 묘사한 마가복음이고, 사람은 인간으로의 예수님을 묘사한 누가복음이고, 독수리는 하나님의 아들로서 예수님을 묘사한 요한복음을 상징한다. 이 네 생물의 의무는 밤낮 쉬지 아니하고 찬양하는 것이다.

> "내가 또 보고 들으매 보좌와 생물들과 장로들을 둘러선 많은 천사의 음성이 있으니 그 수가 만만이요 천천이라. 큰 음성으로 가로되 죽임을 당하신 어린양이 능력과 부와 지혜와 힘과 존귀와 영광과 찬송을 받으시기에 합당하도다 하더라. 내가 또 들으니 하늘 위에와 땅 위에와 땅 아래와 바다 위에와 또 그 가운데 모든 만물이 가로되 보좌에 앉으신 이와 어린양에게 찬송과 존귀와 영광과 능력을 세세토록 돌릴찌어다 하니"(계 5:11-13).

여기서 어린양은 우리가 알고 있는 예수 그리스도이시다. 또 그는 유다 지파의 사자 다윗의 뿌리로 소개하고 있다.

어린양은 보좌로 가서 두루마리 책을 취하시고 일곱 인을 차례대로 떼시었다. 이 두루마리는 역사책이다. 첫째인부터 4번째인 까지는 4말이 나오는데 흰말, 붉은 말, 검은 말, 청황색 말이 질서대로 나왔다. 이것들은 정복자로 전쟁으로 기근으로, 극심한 흑사병으로 그 징조를 보인 것이다.

> "다섯째 인을 떼실 때에 내가 보니 하나님의 말씀과 저희의 가진 증거를 인하여 죽임을 당한 영혼들이 제단 아래 있고"(계 6:9).

여섯째인을 뗄 때에는 지진과 일월성신의 변화가 일어났다.

> "일곱째 인을 떼실 때에 하늘이 반시 동안쯤 고요하더니 내가 보매 하나님 앞에 시위한 일곱 천사가 있어 일곱 나팔을 받았더라. 또 다른 천사가 와서 제단 곁에 서서 금 향로를 가지고 많은 향을 받았으니 이는 모든 성도의 기도들과 합하여 보좌 앞 금단

에 드리고자 함이라. 향연이 성도의 기도와 함께 천사의 손으로
부터 하나님 앞으로 올라가는지라. 천사가 향로를 가지고 단 위
의 불을 담아다가 땅에 쏟으매 뇌성과 음성과 번개와 지진이 나
더라"(계 8:1-5).

다섯째 나팔이 불어질 때 황충이 나와서 사람들을 괴롭게
하였다.

"황충들의 모양은 전쟁을 위하여 예비한 말들 같고 그 머리에
금같은 면류관 비슷한 것을 썼으며 그 얼굴은 사람의 얼굴 같고
또 여자의 머리털 같은 머리털이 있고 그 이는 사자의 이 같으
며"(계 9:7-8).

요한은 황충을 정확하게 설명하지 못했다. 1세기에 볼 수
없는 것을 보았기 때문에 표현할 말이 없었던 것이다. 그래서
그는 "….같고", "….같은", "비슷한 것을 썼으며", "….같으며"
라고 했다. 황충이는 오늘날 메뚜기로 부른다. 메뚜기의 모양
을 자세히 살펴 보라. 무엇처럼 보이는가? 바로 군인들이 전
쟁에 사용하는 "헬리콥터"와 거의 비슷하다고 볼 수 있다. 요
한이 본 것처럼 이 헬리콥터는 전쟁을 위하여 예비하였다. 금
같은 면류관은 헬리콥터 조종사가 쓰고 있는 헬멧이라고 보여
진다. 그 얼굴은 사람 같다는 것은 사람이 헬리콥터 안에 있
기 때문이다. 여자의 머리 카락은 헬리콥터 날개가 돌 때 날
리는 것처럼 보인다. 베트남 전쟁 영화를 보면 돌아가는 헬리
콥터 날개는 흡사 여자들의 머리카락이 휘날리는 것처럼 보인
다. 사자의 이는 헬리콥터에 장착된 무기를 말하고 있는 것이
다. 요한이 이러한 이상을 볼 당시는 헬리콥터가 없었기 때문
에 이상을 표현하는데 어려움이 있었을 것이다.

"하늘에 큰 이적이 보이니 해를 입은 한 여자가 있는데 그 발 아래는 달이 있고 그 머리에는 열두 별의 면류관을 썼더라. 이 여자가 아이를 배어 해산하게 되매 아파서 애써 부르짖더라. 하늘에 또 다른 이적이 보이니 보라 한 큰 붉은 용이 있어 머리가 일곱이요 뿔이 열이라. 그 여러 머리에 일곱 면류관이 있는데 그 꼬리가 하늘 별 삼분의 일을 끌어다가 땅에 던지더라. 용이 해산하려는 여자 앞에서 그가 해산하면 그 아이를 삼키고자 하더니 여자가 아들을 낳으니 이는 장차 철장으로 만국을 다스릴 남자라. 그 아이를 하나님 앞과 그 보좌 앞으로 올려가더라. 그 여자가 광야로 도망하매 거기서 일천 이백 육십 일 동안 저를 양육하기 위하여 하나님의 예비하신 곳이 있더라"(계 12:1-6).

1260일은 3년반이라는 긴 세월이다. 여기서 용은 사탄의 상징이고 여자는 이스라엘 즉 교회를 표현한 말이다.

세 번째 이상(17:1-21:8)

"곧 성령으로 나를 데리고 광야로 가니라. 내가 보니 여자가 붉은빛 짐승을 탔는데 그 짐승의 몸에 참람된 이름들이 가득하고 일곱 머리와 열 뿔이 있으며 그 여자는 자주빛과 붉은빛 옷을 입고 금과 보석과 진주로 꾸미고 손에 금잔을 가졌는데 가증한 물건과 그의 음행의 더러운 것들이 가득하더라"(계 17:3-4).

17장은 음녀심판을 말하고 18장은 바벨론 심판을 말하고 있다. 여기서 음녀의 모습을 잘 설명해 주고 있다. 바울은 "여자들도 아담한 옷을 입으며 염치와 정절로 자기를 단장하고 땋은 머리와 금이나 진주나 값진 옷으로 하지 말라(딤전 2:9)."고 했다. 성도들이 야함과 사치를 피해야 함을 설명한 말이다. 또한 위에서 말하는 가증한 물건은 바로 우상숭배를 말한다. 역사적으로 바벨론은 매우 큰 힘을 자랑하던 나라였다. 바벨론 제국은 한때 해가 지지 않는 나라로 불리는 대영제국처럼 많은 나라를 통치했다. 바벨론 성은 난공불락이었다. 성벽은

높이 100미터이며, 성벽 두께가 25미터로 마차 5대가 나란히
지나갈 수 있는 넓이였다. 성 주위는 91킬로미터로 유브라테
스 강물이 흘렀다. 강물은 항상 넘쳐흘렀다. 성 안에 음식도
풍부하기 때문에 오랫 동안 적의 포위에도 견딜 수 있었다.
성 주위에는 적들이 헤엄쳐서 오는 것을 방지하기 위하여 쇠
창살을 강쪽으로 뻗쳐놓았다. 성문도 청동으로 된 문이 100개
나 있었다.

군 사령관 고레스가 지휘하는 군대가 유브라테스 강줄기를
막는 날 바벨론성 안에서는 축제가 벌어져 술과 여자, 그리고
풍악을 울렸다. 바벨론 성 사람들은 그 누구도 이 성을 무너
뜨릴 수 없는 요새라고 장담했다. 강물은 해가 질무렵까지 서
서히 줄었다. 페르시아 군대들은 어둠을 타고 얕은 물을 건너
빠르게 침입했다. 바벨론 수비대들은 이러한 일이 일어날 줄
을 아무도 몰랐다. 재난을 위해 수비하는 경비대들도 알지 못
했다. 시편 기자는 말했다.

드디어 잠복하여 있던 페르시아 군대들은 새벽 3시 고레스
의 공격 명령과 동시에 성벽을 기어올랐다. 다니엘의 꿈 해석
처럼 바벨론 왕은 고레스가 이끄는 군대들에 의해 그날 밤에
죽었다. 경이로운 일은 불가능한 일이었는데 가능하게 되었다.
이사야 선지자가 외쳤고, 예레미야 선지자가 외쳤고, 다니엘이
꿈을 통하여 말한 것이 그대로 이루어졌다.

"또 내가 하늘이 열린 것을 보니 보라 백마와 탄 자가 있으니 그 이름은 충신과 진실이라. 그가 공의로 심판하며 싸우더라. 그 눈이 불꽃 같고 그 머리에 많은 면류관이 있고 또 이름 쓴 것이 하나가 있으니 자기 밖에 아는 자가 없고 또 그가 피 뿌린 옷을 입었는데 그 이름은 하나님의 말씀이라 칭하더라. 하늘에 있는 군대들이 희고 깨끗한 세마포를 입고 백마를 타고 그를 따르더라. 그의 입에서 이 한 검이 나오니 그것으로 만국을 치겠고 친히 저희를 철장으로 다스리며 또 친히 하나님 곧 전능하신 이의 맹렬한 진노의 포도주 틀을 밟겠고 그 옷과 그 다리에 이름 쓴 것이 있으니 만왕의 왕이요 만주의 주라 하였더라"(계 19:11-16).

"또 내가 새 하늘과 새 땅을 보니 처음 하늘과 처음 땅이 없어졌고 바다도 다시 있지 않더라. 또 내가 보매 거룩한 성 새 예루살렘이 하나님께로부터 하늘에서 내려오니 그 예비한 것이 신부가 남편을 위하여 단장한 것 같더라. 내가 들으니 보좌에서 큰 음성이 나서 가로되 보라 하나님의 장막이 사람들과 함께 있으매 하나님이 저희와 함께 거하시리니 저희는 하나님의 백성이 되고 하나님은 친히 저희와 함께 계셔서 모든 눈물을 그 눈에서 씻기시매 다시 사망이 없고 애통하는 것이나 곡하는 것이나 아픈 것이 다시 있지 아니하리니 처음 것들이 다 지나갔음이러라"(계 21:14).

요한은 처음 하늘과 처음 땅이 없어진 것을 보았다. 이것은 우주가 완전히 타버린 것을 말한다. 흔적마저 없다는 것이다. 요즘 핵무기 때문에 서로가 불안에 떨고 있다. 이것을 관리하는 사람이 스위치 하나만 올리면 온 세상이 불바다가 될 것이다. 이러한 일이 아니 일어난다고 누가 장담할 것인가? 사탄은 항상 기회를 엿보고 있다. 요한은 또 하나는 하나님의 장막 안에서 인간과 하나님이 함께 교제를 하고 있는 것을 보았다.

네 번째 이상(21:9-22:5)

"성령으로 나를 데리고 크고 높은 산으로 올라가 하나님께로부터 하늘에서 내려오는 거룩한 성 예루살렘을 보이니 하나님의 영광이 있으매 그 성의 빛이 지극히 귀한 보석 같고 벽옥과 수정같이 맑더라"(계 21:10-11).

"또 내게 말씀하시되 이루었도다 나는 알파와 오메가요 처음과 나중이라 내가 생명수 샘물로 목마른 자에게 값 없이 주리니"(계 21:6).

"또 저가 수정같이 맑은 생명수의 강을 내게 보이니 하나님과 및 어린 양의 보좌로부터 나서 길 가운데로 흐르더라. 강 좌우에 생명 나무가 있어 열두 가지 실과를 맺히되 달마다 그 실과를 맺히고 그 나무 잎사귀들은 만국을 소성하기 위하여 있더라. 다시 저주가 없으며 하나님과 그 어린 양의 보좌가 그 가운데 있으리니 그의 종들이 그를 섬기며 그의 얼굴을 볼 터이요 그의 이름도 저희 이마에 있으리라. 다시 밤이 없겠고 등불과 햇빛이 쓸데 없으니 이는 주 하나님이 저희에게 비취심이라. 저희가 세세토록 왕노릇하리로다"(계 22:1-5).

"보라 내가 속히 오리니 내가 줄 상이 내게 있어 각 사람에게 그의 일한 대로 갚아 주리라. 나는 알파와 오메가요 처음과 나중이요 시작과 끝이라. 그 두루마리를 빠는 자들은 복이 있으니 이는 저희가 생명 나무에 나아가며 문들을 통하여 성에 들어갈 권세를 얻으려 함이로다"(계 22:12-14).

"나 예수는 교회들을 위하여 내 사자를 보내어 이것들을 너희에게 증거하게 하였노라. 나는 다윗의 뿌리요 자손이니 곧 광명한 새벽별이라 하시더라. 성령과 신부가 말씀하시기를 오라 하시는도다. 듣는 자도 오라 할 것이요 목마른 자도 올 것이요 또 원하는 자는 값없이 생명수를 받으라 하시더라"(계 22:16-17).

요한은 그가 본 이상을 놓치지 않고 기록하였다. 하나님은 이 기록을 통하여 오늘날 우리에게 미래의 일어날 일을 계시했다. 요한이 이것을 혼자만이 알고 기록하지 않았다면 우리는 하나님의 뜻을 알 수 없었을 것이다. 요한의 이상을 보고 우리의 반응은 무엇이고 느낌은 무엇인가?

<적 용>

1. 일인칭 이야기로 말하라(너, 우리, 그들이라는 대명사를 사용하지 말라).

2. 소설처럼 줄거리를 만들어라.

3. 남이 아닌 자신의 꿈 이야기를 하라.

4. 현재의 자기 생활을 포함시켜라.

5. 자기의 꿈이야기를 통하여 하나님을 만나고, 예수님을 만나고, 성령님을 만나라.

6. 성경 본문을 벗어나는 일을 삼가라.

7. 자기의 생활에 적용하라.

책을 마치면서

"이에 이 은밀한 것이 밤에 이상으로 다니엘에게 나타나 보이
매 다니엘이 하늘에 계신 하나님을 찬송하니라"(단2:19).

꿈을 통하여 다니엘처럼 하나님을 찬양하는 사람들이 되기
를 바란다. 하나님을 경험하지 못한 사람이 꿈을 통하여 하나
님을 만나 구원을 이루며 새 삶을 산다면 이보다 더 아름다운
일이 없다고 본다. 꿈은 한 번으로 끝나는 것이 아니다. 다시
말하면 하나님의 음성은 한 번 있는 것이 아니라는 말이다.
밤에 영화를 보듯이 꿈을 통하여 기쁨과 평화가 넘치기를 원
한다. 꿈이 없는 사람도 하나님이 성경을 통하여 이미 보여준
내용으로 주님의 음성을 들을 수가 있다. 또 꿈이 많은 사람
은 하나님이 주신 성경의 꿈과 자신의 꿈을 비교해 보면 스스
로 검증을 할 수 있을 것이다.

이 책의 제목처럼 꿈 속에서 주님을 만나 보시기를 축원한다. 본래 하나님을 직접 본 사람이 없다고 했다. 왜냐하면 하나님을 보면 죽음을 맞기 때문이다. 모세가 하나님을 보여 달라고 했을 때에 하나님은 그에게 얼굴을 보이지 아니하시고 그분의 등만 보여 주셨다(출 33:18-23).

주님의 얼굴은 고사하고 그 분의 등만이라도 보고 싶다면 이제부터 하나님께서 주시는 꿈에 관심을 갖기 바란다. 이것은 교회에 가서 기도하는 것만큼이나 중요한 것이다. 8-9시간의 밤 시간을 낭비하지 말고 거룩한 밤이 되도록 기대감을 가지고 기도하며 잠을 이루라. 그러면 솔로몬이 만났던 주님을 만날 것이다. 당신의 꿈 속에서.

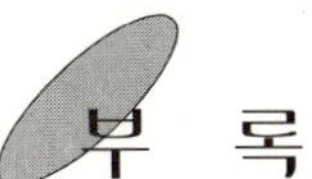

부 록

1. 성경의 꿈과 이상

　　성경 66권에서 하나님은 꿈과 이상 또는 환상으로 삶의 방향을 제시해 주고, 좌절한 사람에게 위로를 주고, 죄가운데 있는 사람들을 책망하셨다. 뿐만 아니라 그리스도를 만나지 못한 사람들에게 구원의 문을 열기도 했고, 복음이 증거되지 않은 곳에 사람이 직접 가도록 비전을 보여 주기도 했다. 따라서 꿈을 통하여 계시하여 주시는 하나님의 뜻을 깨달아 알아야 할 것이다.(*는 앞에서 다루었던 내용이다)

A. 구약의 꿈과 이상

(1) 아브라함의 꿈(창세기 15:12-17)[*]

(2) 이브라함의 이상(창세기 18:1-16):세 천사 대접

　　여호와께서 마므레 상수리 수풀 근처에서 아브라함에게 나타나시니라. 오정 즈음에 그가 장막 문에 앉았다가 눈을 들어 본즉 사람 셋이 맞은편에 섰는지라. 그가 그들을 보자 곧 장막 문에서 달려나가 영접하며 몸을 땅에 굽혀 가로되 내 주여 내가 주께 은혜를 입었사오면 원컨대 종을 떠나 지나가지 마옵시고 물을 조금 가져오게 하사 당신들의 발을 씻으시고 나무 아래서 쉬소서. 내가 떡을 조금 가져오리니 당신들의 마음을 쾌활케 하신 후에 지나가소서. 당신들이 종에게 오셨음이니이다. 그들이 가로되 네 말대로 그리하라 아브라함이 급히 장막에 들어가 사라에게 이르

러 이르되 속히 고운 가루 세 스아를 가져다가 반죽하여 떡을 만들라 하고 아브라함이 또 짐승 떼에 달려가서 기름지고 좋은 송아지를 취하여 하인에게 주니 그가 급히 요리한지라. 아브라함이 뻐터와 우유와 하인이 요리한 송아지를 가져다가 그 들의 앞에 진설하고 나무 아래 모셔 서매 그들이 먹으니라. 그들이 아브라함에게 이르되 네 아내 사라가 어디 있느냐 대답하되 장막에 있나이다. 그가 가라사대 기한이 이를 때에 내가 정녕 네게로 돌아오리니 네 아내 사라에게 아들이 있으리라 하시니 사라가 그 뒤 장막 문에서 들었더라. 아브라함과 사라가 나이 많아 늙었고 사라의 경수는 끊어졌는지라. 사라가 속으로 웃고 이르되 내가 노쇠하였고 내 주인도 늙었으니 내게 어찌 낙이 있으리요. 여호와께서 아브라함에게 이르시되 사라가 왜 웃으며 이르기를 내가 늙었거늘 어떻게 아들을 낳으리요 하느냐. 여호와께 능치 못한 일이 있겠느냐. 기한이 이를 때에 내가 네게로 돌아오리니 사라에게 아들이 있으리라. 사라가 두려워서 승인치 아니하여 가로되 내가 웃지 아니하였나이다. 가라사대 아니라 네가 웃었느니라. 그 사람들이 거기서 일어나서 소돔으로 향하고 아브라함은 그들을 전송하러 함께 나가니라.

(3) 아비멜렉의 꿈(창세기 2:3-7) *

(4) 이삭의 꿈(창세기 26:1-5, 24-25):하나님의 약속

아브라함 때에 첫 흉년이 들었더니 그 땅에 또 흉년이 들매 이삭이 그랄로 가서 블레셋 왕 아비멜렉에게 이르렀더니 여호와께서 이삭에게 나타나 가라사대 애굽으로 내려가지 말고 내가 네게 지시하는 땅에 거하라. 이 땅에 유하면 내가 너와 함께 있어 네게 복을 주고 내가 이 모든 땅을 너와 네 자손에게 주리라. 내가 네 아비 아브라함에게 맹세한 것을 이루어 네 자손을 하늘의 별과 같이 번성케 하며 이 모든 땅을 네 자손에게 주리니 네 자손을 인하여 천하 만민이 복을 받으리라. 이는 아브라함이 내 말을 순종하고 내 명령과 내 계명과 내 율례와 내 법도를 지켰음이니라 하시니라.

그 밤에 여호와께서 그에게 나타나 가라사대 나는 네 아비 아브라함의 하나님이니 두려워 말라. 내 종 아브라함을 위하여 내가 너와 함께 있어 네게 복을 주어 네 자손으로 번성케 하리라 하신지라. 이삭이 그곳에 단을 쌓아 여호와의 이름을 부르고 거기 장막을 쳤더니 그 종들이 거기서도 우물을 팠더라.

(5) 야곱의 꿈 A(창세기 28:10-15)[*]

(6) 야곱의 꿈 B(창세기 31:10-13)[*]

(7) 라반의 꿈(창세기 31:24): 하나님의 지시

밤에 하나님이 아람 사람 라반에게 현몽하여 가라사대 너는 삼가 야곱에게 선악간 말하지 말라 하셨더라.

(8) 야곱의 이상 C(창세기 32:24-30): 천사와 씨름

야곱은 홀로 남았더니 어떤 사람이 날이 새도록 야곱과 씨름하다가 그 사람이 자기가 야곱을 이기지 못함을 보고 야곱의 환도뼈를 치매 야곱의 환도뼈가 그 사람과 씨름할 때에 위골되었더라. 그 사람이 가로되 날이 새려 하니 나로 가게 하라. 야곱이 가로되 당신이 내게 축복하지 아니하면 가게 하지 아니하겠나이다. 그 사람이 그에게 이르되 네 이름이 무엇이냐. 그가 가로되 야곱이니이다. 그 사람이 가로되 네 이름을 다시는 야곱이라 부를 것이 아니요 이스라엘이라 부를 것이니 이는 네가 하나님과 사람으로 더불어 겨루어 이기었음이니라. 야곱이 청하여 가로되 당신의 이름을 고하소서. 그 사람이 가로되 어찌 내 이름을 묻느냐 하고 거기서 야곱에게 축복한지라. 그러므로 야곱이 그곳 이름을 브니엘이라 하였으니 그가 이르기를 내가 하나님과 대면하여 보았으나 내 생명이 보전되었다 함이더라.

(9) 요셉의 꿈(창세기 37:5-11)[*]

(10) 술맡은 관원장의 꿈(창세기 40:9-11)[*]

(11) 떡굽는 관원장의 꿈(창세기 40:16-17)[*]

(12) 바로왕의 꿈(창세기 41:14-24)[*]

(13) 야곱의 꿈 D(창세기 46:2-4)[*]

(14) 모세의 이상(출애굽기 3:1-11)[*]

(15) 선지자의 이상(민수기 12:6): 꿈과 이상으로 나타나는 하나님

이르시되 내 말을 들으라. 너희 중에 선지자가 있으면 나 여호와가 이상으로 나를 그에게 알리기도 하고 꿈으로 그와 말하기도 하거니와.

(16) 발람의 꿈(민수기 22:8-12) *
(17) 거짓 선지자의 꿈(신명기 13:1-3, 5): 거짓 꿈은 죽음

너희 중에 선지자나 꿈 꾸는 자가 일어나서 이적과 기사를 네게 보이고 네게 말하기를 네가 본래 알지 못하던 다른 신들을 우리가 좇아 섬기자 하며 이적과 기사가 그 말대로 이룰지라도 너는 그 선지자나 꿈꾸는 자의 말을 청종하지 말라. 이는 너희 하나님 여호와께서 너희가 마음을 다하고 성품을 다하여 너희 하나님 여호와를 사랑하는 여부를 알려 하사 너희를 시험하심이니라.

그 선지자나 꿈 꾸는 자는 죽이라. 이는 그가 너희로 너희를 애굽땅에서 인도하여 내시며 종 되었던 집에서 속량하여 취하신 너희 하나님 여호와를 배반케 하려 하며 너희 하나님 여호와께서 네게 행하라 명하신 도에서 너를 꾀어 내려고 말하였음이라. 너는 이같이 하여 너희 중에서 악을 제할지니라.

(18) 무당들의 예언(신명기 18:9-14; 레위기 19:31):하나님의 경고

네 하나님 여호와께서 네게 주시는 땅에 들어가거든 너는 그 민족들의 가증한 행위를 본받지 말 것이니 그 아들이나 딸을 불 가운데로 지나게 하는 자나 복술자나 길흉을 말하는 자나 요술하는 자나 무당이나 진언자나 신접자나 박수나 초혼자를 너희 중에 용납하지 말라. 무릇 이런 일을 행하는 자는 여호와께서 가증히 여기시나니 이런 가증한 일로 인하여 네 하나님 여호와께서 그들을 네 앞에서 쫓아내시느니라. 너는 네 하나님 여호와 앞에 완전하라. 네가 쫓아낼 이 민족들은 길흉을 말하는 자나 복술자의 말을 듣거니와 네게는 네 하나님 여호와께서 이런 일을 용납지 아니하시느니라.

너희는 신접한 자와 박수를 믿지 말며 그들을 추종하여 스스로 더럽히지 말라. 나는 너희 하나님 여호와니라.

(19) 선지자의 꿈(신명기 18:15-22):하나님의 선지자

네 하나님 여호와께서 너의 중 네 형제 중에서 나와 같은 선지자 하나를 너를 위하여 일으키시리니 너희는 그를 들을지니라. 이것이 곧 네가 총회의 날에 호렙산에서 너의 하나님 여호와께 구한 것이라. 곧 네가 말하기를 나로 다시는 나의 하나님 여호와의 음성을 듣지 않게 하시고 다시는 이 큰 불을 보지 않게 하소서. 두렵건대 내가 죽을까 하나이다 하매 여호와께서 이르시되 그들의 말이 옳도다. 내가 그들의 형제 중에 너와 같은 선지자 하나를 그들을 위하여 일으키고 내 말을 그 입에 두리니 내가 그에게 명하는 것을 그가 무리에게 다 고하리라. 무릇 그가 내 이름으로 고하는 내 말을 듣지 아니하는 자는 내게 벌을 받을 것이요 내가 고하라고 명하지 아니한 말을 어떤 선지자가 만일 방자히 내 이름으로 고하든지 다른 신들의 이름으로 말하면 그 선지자는 죽임을 당하리라 하셨느니라. 네가 혹시 심중에 이르기를 그 말이 여호와의 이르신 말씀인지 우리가 어떻게 알리요 하리라. 만일 선지자가 있어서 여호와의 이름으로 말한 일에 증험도 없고 성취함도 없으면 이는 여호와의 말씀하신 것이 아니요 그 선지자가 방자히 한 말이니 너는 그를 두려워 말지니라.

(20) 기드온의 이상(사사기 6:11-22):기드온의 부름

여호와의 사자가 아비에셀 사람 요아스에게 속한 오브라에 이르러 상수리나무 아래 앉으니라. 마침 요아스의 아들 기드온이 미디안 사람에게 알리지 아니하려 하여 밀을 포도주 틀에서 타작하더니 여호와의 사자가 기드온에게 나타나 이르되 큰 용사여 여호와께서 너와 함께 계시도다. 기드온이 그에게 대답하되 나의 주여 여호와께서 우리와 함께 계시면 어찌하여 이 모든 일이 우리에게 미쳤나이까 또 우리 열조가 일찍 우리에게 이르기를 여호와께서 우리를 애굽에서 나오게 하신 것이 아니냐 한 그 모든 이적이 어디 있나이까. 이제 여호께서 우리를 버리사 미디안의 손에 붙이셨나이다. 여호와께서 그를 돌아보아 가라사대 너는 이 네 힘을 의지하고 가서 이스라엘을 미디안의 손에서 구원하라 내가 너를 보낸 것이 아니냐. 기드온이 그에게 대답하되 주여 내가 무엇으로 이스라엘을 구원하리이까. 보소서 나의 집은 므낫세 중에 극히 약하고 나는 내 아비 집에서 제일 작은 자니이다. 여호와께서 그에게 이르시되 내가 반드시 너와 함께 하리니 네가 미디안 사람 치기를 한 사람을 치듯 하리라. 기드온이 그에게 대답하되 내가 주께 은혜를 얻었사오면 나와 말씀하신 이가 주 되시는 표징을 내게 보이소서. 내가 예물을 가지고 다시 주께로 와서 그것을 주 앞에 드리기까지 이곳을 떠나지 마시기를 원하나이다. 그가 가로되 내가 너 돌아오기를 기다리리라. 기드온이 가서 염소 새끼 하나를 준비하고 가루 한 에바로 무교전병을 만들고 고기를 소쿠리에 담고 국을 양푼에 담아서 상수리나무 아래 그에게로 가져다가 드리매 하나님의 사자가 그에게 이르되 고기와 무교전병을 가져 이 반석 위에 두고 그 위에 국을 쏟으라. 기드온이 그대로 하니 여호와의 사자가 손에 잡은 지팡이 끝을 내밀어 고기와 무교전병에 대매 불이 반석에서 나와 고기와 무교전병을 살랐고 여호와의 사자는 떠나서 보이지 아니한지라. 기드온이 그가 여호와의 사자인 줄 알고 가로되 슬프도소이다. 주 여호와여 내가 여호와의 사자를 대면하여 보았나이다.

(21) 미디안 병사의 꿈(사사기 7:13) *
(22) 마노아의 아내 이상(사사시 13:2-23):삼손의 탄생

소라 땅에 단 지파의 가족 중 마노아라 이름하는 자가 있더라. 그 아내가 잉태하지 못하므로 생산치 못하더니 여호와의 사자가 그 여인에게 나타나시고 그에게 이르시되 보라 네가 본래 잉태하지 못하므로 생산치 못하였으나 이제 잉태하여 아들을 낳으리니 그러므로 너는 삼가서 포도주와 독주를 마시지 말지며 무릇 부정한 것을 먹지 말지니라 보라 네가 잉태하여 아들을 낳으리니 그 머리에 삭도를 대지 말라. 이 아이는 태에서 나옴으로부터 하나님께 바치운 나실인이 됨이라. 그가 블레셋 사람의 손에서 이스라엘을 구원하기 시작하리라. 이에 그 여인이 가서 그 남편에게 고하여 가로되 하나님의 사람이 내게 임하였는데 그 용모가 하나님의 사자의 용모 같아서 심히 두려우므로 어디서부터 온 것을 내가 묻지 못하였고 그도 자기 이름을 내게 이르지 아니하였으며 그가 내게 이르기를 보라 네가 잉태하여 아들을 낳으리니 포도주와 독주를 마시지 말며 무릇 부정한 것을 먹지 말라. 이 아이는 태에서 나옴으로부터 죽을 날까지 하나님께 바치운 나실인이 됨이라 하더이다. 마노아가 여호와께 기도하여 가로되 주여 구하옵나니 주의 보내셨던 하나님의 사람을 우리에게 다시 임하게 하사 그로 우리가 그 낳을 아이에게 어떻게 행할 것을 우리에게 가르치게 하소서 하나님이 마노아의 목소리를 들으시니라. 여인이 밭에 앉았을 때에 하나님의 사자가 다시 그에게 임하셨으나 그 남편 마노아는 함께 있지 아니한지라. 여인이 급히 달려가서 그 남편에게 고하여 가로되 보소서 전일에 내게 임하였던 사람이 또 내게 나타났나이다. 마노아가 일어나 아내를 따라가서 그 사람에게 이르러 그에게 묻되 당신이 이 여인에게 말씀하신 사람이니이까. 가라사대 그로라 마노아가 가로되 당신의 말씀대로 되기를 원하나이다. 이 아이를 어떻게 기르오며 우리가 그에게 어떻게 행하오리이까 여호와의 사자가 마노아에게 이르시되 내가 여인에게 말한 것들을 그가 다 삼가서 포도나무의 소산을 먹지 말며 포도주와 독주를 마시지 말며 무릇 부정한 것을 먹지 말아서 내가 그에게 명한 것은 다 지킬 것이니라. 마노아가 여호와의 사자에게 말씀하되 구하옵나니 당신은 우리에게 머물러서 우리가 당신을 위하여 염소 새끼 하나를 준비하게 하소서. 여호와의 사자가 마노아에게 이르시되 네가 비록 나를 머물리나 내가 너의 식물을 먹지 아니하리라. 번제를 준비하려거든 마땅히 여호와께 드릴지니라 하니 이는 마노아가 여호와의 사자인 줄 알지 못함을 인함이었더라. 마노아가 또 여호와의 사자에게 말씀하되 당신의 이름이 무엇이니이까. 당신의 말씀이 이룰 때에 우리가 당신을 존숭하리이다. 여호와의 사자가 그에게 이르시되 어찌하여 이를 묻느냐 내 이름은 기묘니라. 이에 마노아가 염소 새끼 하나와 소제물을 취하여 빈석 위에서 여호와께 드리매 사자가 이적을 행한지라. 마노아와 그 아내가 본즉 불꽃이 단에서부터 하늘로 올라가는 동시에 여호와의 사자가 단 불꽃 가운데로 좇아 올라간지라. 마노아와 그 아내가 이것을 보고 얼굴을 땅에 대고 엎드리니라. 여호와의 사자가 마노아와 그 아내에게 다시 나타나지 아니하니 마노아가 이에 그가 여호와의 사자인 줄 알고 그 아내에게 이르되 우리가 하나님을 보았으니 반드시 죽으리로다. 그 아내가 그에게 이르되 여호와께서 우리를 죽이려 하셨더면 우리 손에서 번제와 소제를 받지 아니하셨을 것이요 이 모든 일을 보이지 아니하셨을 것이며 이제 이런 말씀도 우리에게 이르지 아니하셨으리이다 하였더라.

(23) 사무엘의 꿈(사무엘상 3:3-14) [*]

(24) 사울의 꿈(사무엘상 28:5-19): 하나님이 사울을 떠남

사울이 블레셋 사람의 군대를 보고 두려워서 그 마음이 크게

떨린지라. 사울이 여호와께 묻자오되 여호와께서 꿈으로도,우림
으로도,선지자로도 그에게 대답지 아니하시므로 사울이 그 신하
들에게 이르되 나를 위하여 신접한 여인을 찾으라. 내가 그리로
가서 그에게 물으리라. 그 신하들이 그에게 이르되 보소서 엔돌
에 신접한 여인이 있나이다. 사울이 다른 옷을 입어 변장하고 두
사람과 함께 갈새 그들이 밤에 그 여인에게 이르러는 사울이 가
로되 청하노니 나를 위하여 신접한 술법으로 내가 네게 말하는
사람을 불러올리라. 여인이 그에게 이르되 네가 사울의 행한 일
곧 그가 신접한 자와 박수를 이 땅에서 멸절시켰음을 아나니 네
가 어찌하여 내 생명에 올무를 놓아 나를 죽게 하려느냐. 사울이
여호와로 그에게 맹세하여 가로되 여호와께서 사시거니와 네가
이 일로는 벌을 당치 아니하리라. 여인이 가로되 내가 누구를 네
게로 불러 올리랴. 사울이 가로되 사무엘을 불러 올리라. 여인이
사무엘을 보고 큰 소리로 외치며 사울에게 말하여 가로되 당신이
어찌하여 나를 속이셨나이까 당신이 사울이시니이다. 왕이 그에
게 이르되 두려워 말라. 네가 무엇을 보았느냐. 여인이 사울에게
이르되 내가 신이 땅에서 올라오는 것을 보았나이다 사울이 그에
게 이르되 그 모양이 어떠하냐. 그가 가로되 한 노인이 올라오는
데 그가 겉옷을 입었나이다. 사울이 그가 사무엘인 줄 알고 그
얼굴을 땅에 대고 절하니라 사무엘이 사울에게 이르되 네가 어찌
하여 나를 불러 올려서 나로 분요케 하느냐. 사울이 대답하되 나
는 심히 군급하니이다. 블레셋 사람은 나를 향하여 군대를 일으
켰고 하나님은 나를 떠나서 다시는 선지자로도 꿈으로도 내게 대
답지 아니하시기로 나의 행할 일을 배우려고 당신을 불러 올렸나
이다. 사무엘이 가로되 여호와께서 너를 떠나 네 대적이 되셨거
늘 네가 어찌하여 내게 묻느냐. 여호와께서 나로 말씀하신 대로
네게 행하사 나라를 네 손에서 떼어 네 이웃 다윗에게 주셨느니
라. 네가 여호와의 목소리를 순종치 아니하고 그의 진노를 아말
렉에게 쏟지 아니하였으므로 여호와께서 오늘날 이 일을 네게 행
하셨고 여호와께서 이스라엘을 너와 함께 블레셋 사람의 손에 붙
이시리니 내일 너와 네 아들들이 나와 함께 있으리라. 여호와께
서 또 이스라엘 군대를 블레셋 사람의 손에 붙이시리라.

(25) 나단 선지자의 이상(사무엘하 7:4-17):하나님의 성전

그 밤에 여호와의 말씀이 나단에게 임하여 가라사대 가서 내
종 다윗에게 말하기를 여호와의 말씀이 네가 나를 위하여 나의
거할 집을 건축하겠느냐. 내가 이스라엘 자손을 애굽에서 인도하
여 내던 날부터 오늘날까지 집에 거하지 아니하고 장막과 회막에

거하며 행하였나니 무릇 이스라엘 자손으로 더불어 행하는 곳에
서 내가 내 백성 이스라엘을 먹이라고 명한 이스라엘 어느 지파
에게 내가 말하기를 너희가 어찌하여 나를 위하여 백향목 집을
건축하지 아니하였느냐고 말하였느냐. 그러므로 이제 내 종 다윗
에게 이처럼 말하라. 만군의 여호와께서 이처럼 말씀하시기를 내
가 너를 목장 곧 양을 따르는 데서 취하여 내 백성 이스라엘의
주권자를 삼고 네가 어디를 가든지 내가 너와 함께 있어 네 모든
대적을 네 앞에서 멸하였은즉 세상에서 존귀한 자의 이름같이 네
이름을 존귀케 만들어 주리라. 내가 또 내 백성 이스라엘을 위하
여 한 곳을 정하여 저희를 심고 저희로 자기 곳에 거하여 다시
옮기지 않게 하며 악한 유로 전과 같이 저희를 해하지 못하게 하
여 전에 내가 사사를 명하여 내 백성 이스라엘을 다스리던 때와
같지 않게 하고 너를 모든 대적에게서 벗어나 평안케 하리라. 여
호와가 또 네게 이르노니 여호와가 너를 위하여 집을 이루고 네
수한이 차서 네 조상들과 함께 잘 때에 내가 네 몸에서 날 자식
을 네 뒤에 세워 그 나라를 견고케 하리라. 저는 내 이름을 위하
여 집을 건축할 것이요. 나는 그 나라 위를 영원히 견고케 하리
라. 나는 그 아비가 되고 그는 내 아들이 되리니 저가 만일 죄를
범하면 내가 사람 막대기와 인생 채찍으로 징계하려니와 내가 네
앞에서 폐한 사울에게서 내 은총을 빼앗은 것같이 그에게서는 빼
앗지 아니하리라. 네 집과 네 나라가 내 앞에서 영원히 보전되고
네 위가 영원히 견고하리라 하셨다 하라. 나단이 이 모든 말씀과
이 모든 묵시대로 다윗에게 고하니라.

(26) 솔로몬의 꿈 A(열왕기상 3:5-15) [*]

(27) 솔로몬의 꿈 B(열왕기상 9:2): 하나님이 두 번째 솔로
몬에게 나타남

여호와께서 전에 기브온에서 나타나심 같이 다시 솔로몬에게
나타나사

(28) 이사야의 이상(이사야 6:1-8) [*]

(29) 예레미야의 이상 A(예레미야 1:11,13):살구나무와 끓는 가마

여호와의 말씀이 또 내게 임하니라. 이르시되 예레미야야 네

가 무엇을 보느냐. 대답하되 내가 살구나무 가지를 보나이다.
   여호와의 말씀이 다시 내게 임하니라. 이르시되 네가 무엇을
보느냐. 대답하되 끓는 가마를 보나이다. 그 면이 북에서부터 기
울어졌나이다.

히브리어에 아몬드(almond)은 "일찍깨다"(early awake)는 뜻
이다. 끓는 가마(boiling pot)는 소란과 흥분을, 북에서 기울어
졌다는 것은 북쪽에서 전쟁이 일어난다는 뜻이다.

(30) 예레미야의 이상 B(예레미야 24:1-3):무화과 두 광주리

   바벨론 왕 느부갓네살이 유다 왕 여호야김의 아들 여고냐와
유다 방백들과 목공들과 철공들을 예루살렘에서 바벨론으로 옮긴
후에 여호와께서 여호와의 전 앞에 놓인 무화과 두 광주리로 내
게 보이셨는데 한 광주리에는 처음 익은 듯한 극히 좋은 무화과
가 있고 한 광주리에는 악하여 먹을 수 없는 극히 악한 무화과가
있더라. 여호와께서 내게 이르시되 예레미야야 네가 무엇을 보느
냐 내가 대답하되 무화과이온데 그 좋은 무화과는 극히 좋고 그
악한 것은 극히 악하여 먹을 수 없게 악하니이다.

(31) 에스겔의 이상 A(에스겔 1:1-28):네 가지 생물, 빛나는 바퀴, 주의 영광

   제 삼십년 사월 오일에 내가 그발강 가 사로잡힌 자 중에 있
더니 하늘이 열리며 하나님의 이상을 내게 보이시니 여호야긴왕
의 사로잡힌 지 오 년 그 달 오일이라. 갈대아 땅 그발강 가에서
여호와의 말씀이 부시의 아들 제사장 나 에스겔에게 특별히 임하
고 여호와의 권능이 내 위에 있으니라. 내가 보니 북방에서부터
폭풍과 큰 구름이 오는데 그 속에서 불이 번쩍 번쩍하여 빛이 그
사면에 비취며 그 불 가운데 단쇠 같은 것이 나타나 보이고 그
속에서 네 생물의 형상이 나타나는데 그 모양이 이러하니 사람의
형상이라. 각각 네 얼굴과 네 날개가 있고 그 다리는 곧고 그 발
바닥은 송아지 발바닥 같고 마광한 구리같이 빛나며 그 사면 날
개 밑에는 각각 사람의 손이 있더라. 그 네 생물의 얼굴과 날개

가 이러하니 날개는 다 서로 연하였으며 행할 때에는 돌이키지
아니하고 일제히 앞으로 곧게 행하며 그 얼굴들의 모양은 넷의
앞은 사람의 얼굴이요 넷의 우편은 사자의 얼굴이요 넷의 좌편은
소의 얼굴이요 넷의 뒤는 독수리의 얼굴이니 그 얼굴은 이러하며
그 날개는 들어 펴서 각기 둘씩 서로 연하였고 또 둘은 몸을 가
리웠으며 신이 어느 편으로 가려면 그 생물들이 그대로 가되 돌
이키지 아니하고 일제히 앞으로 곧게 행하며 또 생물의 모양은
숯불과 횃불 모양 같은데 그 불이 그 생물 사이에서 오르락 내리
락 하며 그 불은 광채가 있고 그 가운데서는 번개가 나며 그 생
물의 왕래가 번개 같이 빠르더라. 내가 그 생물을 본즉 그 생물
곁 땅 위에 바퀴가 있는데 그 네 얼굴을 따라 하나씩 있고 그 바
퀴의 형상과 그 구조는 넷이 한결 같은데 황옥 같고 그 형상과
구조는 바퀴 안에 바퀴가 있는 것 같으며 행할 때에는 사방으로
향한 대로 돌이키지 않고 행하며 그 둘레는 높고 무서우며 그 네
둘레로 돌아가면서 눈이 가득하며 생물이 행할 때에 바퀴도 그
곁에서 행하고 생물이 땅에서 들릴 때에 바퀴도 들려서 어디든지
신이 가려 하면 생물도 신의 가려하는 곳으로 가고 바퀴도 그 곁
에서 들리니 이는 생물의 신이 그 바퀴 가운데 있음이라. 저들이
행하면 이들도 행하고 저들이 그치면 이들도 그치고 저들이 땅에
서 들릴 때에는 이들도 그 곁에서 들리니 이는 생물의 신이 그
바퀴 가운데 있음이더라. 그 생물의 머리 위에는 수정 같은 궁창
의 형상이 펴 있어 보기에 심히 두려우며 그 궁창 밑에 생물들의
날개가 서로 향하여 펴 있는데 이 생물은 두 날개로 몸을 가리웠
고 저 생물도 두 날개로 몸을 가리웠으며 생물들이 행할 때에 내
가 그 날개 소리를 들은즉 많은 물소리와도 같으며 전능자의 음
성과도 같으며 떠드는 소리 곧 군대의 소리와도 같더니 그 생물
이 설 때에 그 날개를 드리우더라 그 머리 위에 있는 궁창 위에
서부터 음성이 나더라. 그 생물이 설 때에 그 날개를 드리우더
라. 그 머리 위에 있는 궁창 위에 보좌의 형상이 있는데 그 모양
이 남보석 같고 그 보좌의 형상 위에 한 형상이 있어 사람의 모
양 같더라. 내가 본즉 그 허리 이상의 모양은 단 쇠 같아서 그
속과 주위가 불 같고 그 허리 이하의 모양도 불 같아서 사면으로
광채가 나며 그 사면 광채의 모양은 비 오는 날 구름에 있는 무
지개 같으니 이는 여호와의 영광의 형상의 모양이라. 내가 보고
곧 엎드리어 그 말씀하시는 자의 음성을 들으니라.

(32) 에스겔의 이상 B(에스겔 8:7-18):가증한 일

그가 나를 이끌고 뜰 문에 이르시기로 내가 본즉 담에 구멍이

있더라. 그가 내게 이르시되 인자야 너는 이 담을 헐라 하시기로
내가 그 담을 허니 한 문이 있더라. 또 내게 이르시되 들어가서
그들이 거기서 행하는 가증하고 악한 일을 보라 하시기로 내가
들어가 보니 각양 곤충과 가증한 짐승과 이스라엘 족속의 모든
우상을 그 사면 벽에 그렸고 이스라엘 족속의 장로 중 칠십인이
그 앞에 섰으며 사반의 아들 야아사냐도 그 가운데 섰고 각기 손
에 향로를 들었는데 향연이 구름같이 오르더라. 또 내게 이르시
되 인자야 이스라엘 족속의 장로들이 각각 그 우상의 방 안 어두
운 가운데서 행하는 것을 네가 보았느냐. 그들이 이르기를 여호
와께서 우리를 보지 아니하시며 이 땅을 버리셨다 하느니라. 또
내게 이르시되 너는 다시 그들의 행하는 바 다른 큰 가증한 일을
보리라 하시더라. 그가 또 나를 데리고 여호와의 전으로 들어가
는 북문에 이르시기로 보니 거기 여인들이 앉아 담무스를 위하여
애곡하더라. 그가 또 내게 이르시되 인자야 네가 그것을 보았느
냐. 너는 또 이보다 더 큰 가증한 일을 보리라 하시더라. 그가
또 나를 데리고 여호와의 전 안뜰에 들어가시기로 보니 여호와의
전문 앞 현관과 제단 사이에서 약 이십 오인이 여호와의 전을 등
지고 낯을 동으로 향하여 동방 태양에 경배하더라. 또 내게 이르
시되 인자야 네가 보았느냐. 유다 족속이 여기서 행한 가증한 일
을 적다 하겠느냐. 그들이 강포로 이 땅에 채우고 또다시 내 노
를 격동하고 심지어 나무가지를 그 코에 두었느니라. 그러므로
나도 분노로 갚아 아껴 보지 아니하고 긍휼을 베풀지도 아니하리
니 그들이 큰 소리로 내 귀에 부르짖을지라도 내가 듣지 아니하리라.

(33) 에스겔의 이상 C(에스겔 10:1-22):도는 바퀴들, 그룹들

이에 내가 보니 그룹들 머리 위 궁창에 남보석 같은 것이 나
타나는데 보좌 형상 같더라. 하나님이 가는 베옷 입은 사람에게
일러 가라사대 너는 그룹 밑 바퀴 사이로 들어가서 그 속에서 숯
불을 두 손에 가득히 움켜 가지고 성읍 위에 흩으라 하시매 그가
내 목전에 들어가더라. 그 사람이 들어갈 때에 그룹들은 성전 우
편에 섰고 구름은 안뜰에 가득하며 여호와의 영광이 그룹에서 올
라 성전 문지방에 임하니 구름이 성전에 가득하며 여호와의 영화
로운 광채가 뜰에 가득하였고 그룹들의 날개 소리는 바깥 뜰까지
들리는데 전능하신 하나님의 말씀하시는 음성 같더라. 하나님이
가는 베옷 입은 자에게 명하시기를 바퀴 사이 곧 그룹들 사이에
서 불을 취하라 하셨으므로 그가 들어가 바퀴 옆에 서매 한 그룹
이 그룹들 사이에서 손을 내밀어 그 그룹들 사이에 있는 불을 취
하여 가는 베옷 입은 자의 손에 주매 그가 받아 가지고 나가는데

그룹들의 날개 밑에 사람의 손 같은 것이 나타났더라. 내가 보니 그룹들 곁에 네 바퀴가 있는데 이 그룹 곁에도 한 바퀴가 있고 저 그룹 곁에도 한 바퀴가 있으며 그 바퀴 모양은 황옥 같으며 그 모양은 넷이 한결 같은데 마치 바퀴 안에 바퀴가 있는 것 같으며 그룹들이 행할 때에는 사방으로 향한 대로 돌이키지 않고 행하되 돌이키지 않고 그 머리 향한 곳으로 행하며 그 온 몸과 등과 손과 날개와 바퀴 곧 네 그룹의 바퀴의 둘레에 다 눈이 가득하더라 내가 들으니 그 바퀴들을 도는 것이라 칭하며 그룹들은 각기 네 면이 있는데 첫 면은 그룹의 얼굴이요 둘째 면은 사람의 얼굴이요 세째는 사자의 얼굴이요 네째는 독수리의 얼굴이더라. 그룹들이 올라가니 그들은 내가 그발강 가에서 보던 생물이라. 그룹들이 행할 때에는 바퀴도 그 곁에서 행하고 그룹들이 날개를 들고 땅에서 올라가려 할 때에도 바퀴가 그 곁을 떠나지 아니하며 그들이 서면 이들도 서고 그들이 올라가면 이들도 함께 올라가니 이는 생물의 신이 바퀴 가운데 있음이더라. 여호와의 영광이 성전 문지방을 떠나서 그룹들 위에 머무르니 그룹들이 날개를 들고 내 목전에 땅에서 올라가는데 그들이 나갈 때에 바퀴도 그 곁에서 함께 하더라. 그들이 여호와의 전으로 들어가는 동문에 머물고 이스라엘 하나님의 영광이 그 위에 덮였더라. 그것은 내가 그발강 가에서 본바 이스라엘 하나님의 아래 있던 생물이라. 그들이 그룹들인 줄을 내가 아니라. 각기 네 얼굴과 네 날개가 있으며 날개 밑에는 사람의 손 형상이 있으니 그 얼굴의 형상은 내가 그발강 가에서 보던 얼굴이며 그 모양과 몸뚱이도 그러하며 각기 곧게 앞으로 행하더라.

(34) 에스겔의 이상 D(에스겔 37:1-6): 마른뼈의 골짜기

　여호와께서 권능으로 내게 임하시고 그 신으로 나를 데리고 가서 골짜기 가운데 두셨는데 거기 뼈가 가득하더라. 나를 그 뼈 사방으로 지나게 하시기로 본즉 그 골짜기 지면에 뼈가 심히 많고 아주 말랐더라. 그가 내게 이르시되 인자야 이 뼈들이 능히 살겠느냐 하시기로 내가 대답하되 주 여호와여 주께서 아시나이다. 또 내게 이르시되 너는 이 모든 뼈에게 대언하여 이르기를 너희 마른 뼈들아 여호와의 말씀을 들을지어다. 주 여호와께서 이 뼈들에게 말씀하시기를 내가 생기로 너희에게 들어가게 하리니 너희가 살리라. 너희 위에 힘줄을 두고 살을 입히고 가죽으로 덮고 너희 속에 생기를 두리니 너희가 살리라. 또 나를 여호와인 줄 알리라 하셨다 하라.

(35) 에스겔의 이상 E(에스겔 40-48)

(36) 다니엘의 꿈 A(다니엘 2:31-36) *

(37) 다니엘의 꿈 B(다니엘 4:5, 10-18) *

(38) 다니엘의 꿈 C(다니엘 4:22-26) *

(39) 다니엘의 꿈 D(다니엘 5:5): 한 손가락이 글씨를 씀

그 때에 사람의 손가락이 나타나서 왕궁 촛대 맞은편 분벽에 글자를 쓰는데 왕이 그 글자 쓰는 손가락을 본지라.

(40) 다니엘의 꿈 E(다니엘 7:13-14) *

(41) 다니엘의 이상 F(다니엘 8:1-8):수양, 수염소

나 다니엘에게 처음에 나타난 이상 후 벨사살 왕 삼 년에 다시 이상이 나타나니라. 내가 이상을 보았는데 내가 그것을 볼 때에 내 몸은 엘람도 수산성에 있었고 내가 이상을 보기는 을래 강변에서니라. 내가 눈을 들어본즉 강 가에 두 뿔 가진 수양이 섰는데 그 두 뿔이 다 길어도 한 뿔은 다른 뿔보다도 길었고 그 긴 것은 나중에 난 것이더라. 내가 본즉 그 수양이 서와 북과 남을 향하여 받으나 그것을 당할 짐승이 하나도 없고 그 손에서 능히 구할 이가 절대로 없으므로 그것이 임의로 행하고 스스로 강대하더라. 내가 생각할 때에 한 수염소가 서편에서부터 와서 온 지면에 두루 다니되 땅에 닿지 아니하며 그 염소 두 눈 사이에는 현저한 뿔이 있더라. 그것이 두 뿔 가진 수양 곧 내가 본바 강가에 섰던 양에게로 나아가되 분노한 힘으로 그것에게로 달려가더니

내가 본즉 그것이 수양에게로 가까이 나아가서는 더욱 성내어 그 수양을 땅에 엎드러뜨리고 짓밟았으나 능히 수양을 그 손에서 벗어나게 할 이가 없었더라. 수염소가 스스로 심히 강대하여 가더니 강성할 때에 그 큰 뿔이 꺾이고 그 대신에 현저한 뿔 넷이 하늘 사방을 향하여 났더라.

(42) 다니엘의 꿈 G(다니엘 10:4-6) *

(43) 다니엘의 꿈 H(다니엘 12:2-4) *

(44) 아모스의 이상 A(아모스 7:1-9):황충이 떼, 불, 다림줄

주 여호와께서 내게 보이신 것이 이러하니라 왕이 풀을 벤 후
풀이 다시 움돋기 시작할 때에 주께서 황충을 지으시매 황충이
땅의 풀을 다 먹은지라. 내가 가로되 주 여호와여 청컨대 사하소
서 야곱이 미약하오니 어떻게 서리이까 하매 여호와께서 이에 대
하여 뜻을 돌이켜 가라사대 이것이 이루지 아니하리라 하시니라.
주 여호와께서 또 내게 보이신 것이 이러하니라. 주 여호와께서
명하여 불로 징벌하게 하시니 불이 큰 바다를 삼키고 육지까지
먹으려 하는지라. 이에 내가 가로되 주 여호와여 청컨대 그치소
서 야곱이 미약하오니 어떻게 서리이까 하매 주 여호와께서 이에
대하여 뜻을 돌이켜 가라사대 이것도 이루지 아니하리라 하시니
라. 또 내게 보이신 것이 이러하니라 .다림줄을 띄우고 쌓은 담
곁에 주께서 손에 다림줄을 잡고 서셨더니 내게 이르시되 아모스
야 네가 무엇을 보느냐. 내가 대답하되 다림줄이니이다. 주께서
가라사대 내가 다림줄을 내 백성 이스라엘 가운데 베풀고 다시는
용서치 아니하리니 이삭의 산당들이 황폐되며 이스라엘의 성소들
이 훼파될 것이라. 내가 일어나 칼로 여로보암의 집을 치리라 하
시니라.

(45) 아모스의 이상 B(아모스 8:1-3):여름 실과

주 여호와께서 또 내게 여름 실과 한 광주리를 보이시며 가라
사대 아모스야 네가 무엇을 보느냐. 내가 가로되 여름 실과 한
광주리니이다 하매 여호와께서 내게 이르시되 내 백성 이스라엘
의 끝이 이르렀은즉 내가 다시는 저를 용서치 아니하리니 그 날
에 궁전의 노래가 애곡으로 변할 것이며 시체가 많아서 사람이
잠잠히 처처에 내어버리리라. 이는 주 여호와의 말씀이니라.

(46) 스가랴의 이상 A(스가랴 1:7-8):여러 색깔의 말들과 기수들

다리오왕 이년 십일월 곧 스밧월 이십사일에 잇도의 손자 베
레갸의 아들 선지자 스가랴에게 여호와의 말씀이 임하여 이르시
니라. 내가 밤에 보니 사람이 홍마를 타고 골짜기 속 화석류나무
사이에 섰고 그 뒤에는 홍마와 자마와 백마가 있기로.

(47) 스가랴의 이상 B(스가랴 1:7-21):네 뿔, 공장 네 명

다리오왕 이년 십일월 곧 스밧월 이십사일에 잇도의 손자 베레갸의 아들 선지자 스가랴에게 여호와의 말씀이 임하여 이르시니라. 내가 밤에 보니 사람이 홍마를 타고 골짜기 속 화석류나무 사이에 섰고 그 뒤에는 홍마와 자마와 백마가 있기로 내가 가로되 내 주여 이들이 무엇이니이까. 내게 말하는 천사가 내게 이르되 이들이 무엇인지 내가 네게 보이리라 하매 화석류나무 사이에 선 자가 대답하여 가로되 이는 여호와께서 땅에 두루 다니라고 보내신 자들이니라. 그들이 화석류나무 사이에 선 여호와의 사자에게 고하되 우리가 땅에 두루 다녀보니 온 땅이 평안하여 정온하더이다. 여호와의 사자가 응하여 가로되 만군의 여호와여 여호와께서 언제까지 예루살렘과 유다 성읍들을 긍휼히 여기지 아니하시려나이까. 이를 노하신 지 칠십년이 되었나이다 하매 여호와께서 내게 말하는 천사에게 선한 말씀 위로하는 말씀으로 대답하시더라. 내게 말하는 천사가 내게 이르되 너는 외쳐 이르기를 만군의 여호와의 말씀에 내가 예루살렘을 위하여 시온을 위하여 크게 질투하며 안일한 열국을 심히 진노하나니 나는 조금만 노하였거늘 그들은 힘을 내어 고난을 더하였음이라. 그러므로 여호와가 이처럼 말하노라. 내가 긍휼히 여기므로 예루살렘에 돌아왔은즉 내 집이 그 가운데 건축되리니 예루살렘 위에 먹줄이 치어지리라. 나 만군의 여호와의 말이니라 하셨다 하라, 다시 외쳐 이르기를 만군의 여호와의 말씀에 나의 성읍들이 넘치도록 다시 풍부할 것이라. 여호와가 다시 시온을 안위하여 다시 예루살렘을 택하리라 하셨다 하라. 내가 눈을 들어 본즉 네 뿔이 보이기로 이에 내게 말하는 천사에게 묻되 이들이 무엇이니이까. 내게 대답하되 이들은 유다와 이스라엘과 예루살렘을 헤친 뿔이니라. 때에 여호와께서 공장 네 명을 내게 보이시기로 내가 가로되 그들이 무엇하러 왔나이까 하매 대답하여 가라사대 그 뿔들이 유다를 헤쳐서 사람으로 능히 머리를 들지 못하게 하매 이 공장들이 와서 그것들을 두렵게 하고 이전에 뿔들을 들어 유다 땅을 헤친 열국의 뿔을 떨어치려 하느니라 하시더라.

(48) 스가랴의 이상 C(스가랴 2:1-13):척량줄을 가진 사람

내가 또 눈을 들어 본즉 한 사람이 척량줄을 그 손에 잡았기로 네가 어디로 가느냐 물은즉 내게 대답하되 예루살렘을 척량하여 그 장광을 보고자 하노라 할 때에 내게 말하는 천사가 나가매

다른 천사가 나와서 그를 맞으며 이르되 너는 달려가서 그 소년
에게 고하여 이르기를 예루살렘에 사람이 거하리니 그 가운데 사
람과 육축이 많으므로 그것이 성곽없는 촌락과 같으리라. 여호와
의 말씀에 내가 그 사면에서 불 성곽이 되며 그 가운데서 영광이
되리라. 여호와의 말씀에 내가 너를 하늘의 사방 바람 같이 흩어
지게 하였거니와 이제 너희는 북방 땅에서 도망할지니라. 나 여
호와의 말이니라. 바벨론 성에 거하는 시온아 이제 너는 피할지
니라. 만군의 여호와께서 이같이 말씀하시되 너희를 노략한 열국
으로 영광을 위하여 나를 보내셨나니 무릇 너희를 범하는 자는
그의 눈동자를 범하는 것이라 내가 손을 그들 위에 움직인즉 그
들이 자기를 섬기던 자에게 노략거리가 되리라 하셨나니 너희가
만군의 여호와께서 나를 보내신 줄 알리라. 여호와의 말씀에 시
온의 딸아 노래하고 기뻐하라. 이는 내가 임하여 네 가운데 거할
것임이니라. 그날에 많은 나라가 여호와께 속하여 내 백성이 될
것이요. 나는 네 가운데 거하리라 네가 만군의 여호와께서 나를
네게 보내신 줄 알리라. 여호와께서 장차 유다를 취하여 거룩한
땅에서 자기 소유를 삼으시고 다시 예루살렘을 택하시리니 무릇
혈기 있는 자들이 여호와 앞에서 잠잠할 것은 여호와께서 그 성
소에서 일어나심이니라 하라 하더라.

(49) 스가랴의 이상 D(스가랴 3:1-10):정결한 옷

　　대제사장 여호수아는 여호와의 사자 앞에 섰고 사단은 그의
우편에 서서 그를 대적하는 것을 여호와께서 내게 보이시니라.
여호와께서 사단에게 이르시되 사단아 여호와가 너를 책망하노
라. 예루살렘을 택한 여호와가 너를 책망하노라. 이는 불에서 꺼
낸 그슬린 나무가 아니냐 하실 때에 여호수아가 더러운 옷을 입
고 천사 앞에 섰는지라. 여호와께서 자기 앞에 선 자들에게 명하
사 그 더러운 옷을 벗기라 하시고 또 여호수아에게 이르시되 내
가 네 죄과를 제하여 버렸으니 네게 아름다운 옷을 입히리라. 하
시기로 내가 말하되 정한 관을 그 머리에 씌우소서 하매 곧 정한
관을 그 머리에 씌우며 옷을 입히고 여호와의 사자는 곁에 섰더
라. 여호와의 사자가 여호수아에게 증거하여 가로되 만군의 여호
와의 말씀에 네가 만일 내 도를 준행하며 내 율례를 지키면 네가
내 집을 다스릴 것이요. 내 뜰을 지킬 것이며 내가 또 너로 여기
섰는 자들 중에 왕래케 하리라. 대제사장 여호수아야 너와 네 앞
에 앉은 네 동료들은 내 말을 들을 것이니라. 이들은 예표의 사
람이라 내가 내 종 순을 나게 하리라 만군의 여호와가 말하노라.

내가 너 여호수아 앞에 세운 돌을 보라. 한 돌에 일곱 눈이 있느
니라. 내가 새길 것을 새기며 이 땅의 죄악을 하루에 제하리라.
만군의 여호와가 말하노라. 그날에 너희가 각각 포도나무와 무화
과나무 아래서 서로 초대하리라 하셨느니라.

(50) 스가랴의 이상 E(스가랴 4:1-14):등대와 두 감람나무

내게 말하던 천사가 다시 와서 나를 깨우니 마치 자는 사람이
깨우임 같더라. 그가 내게 묻되 네가 무엇을 보느냐. 내가 대답
하되 내가 보니 순금 등대가 있는데 그 꼭대기에 주발 같은 것이
있고 또 그 등대에 일곱 등잔이 있으며 그 등대 꼭대기 등잔에는
일곱 관이 있고 그 등대 곁에 두 감람나무가 있는데 하나는 그
주발 우편에 있고 하나는 그 좌편에 있나이다 하고 내게 말하는
천사에게 물어 가로되 내 주여 이것들이 무엇이니이까. 내게 말
하는 천사가 대답하여 가로되 네가 이것들이 무엇인지 알지 못하
느냐. 내가 대답하되 내 주여 내가 알지 못하나이다. 그가 내게
일러 가로되 여호와께서 스룹바벨에게 하신 말씀이 이러하니라.
만군의 여호와께서 말씀하시되 이는 힘으로 되지 아니하며 능으
로 되지 아니하고 오직 나의 신으로 되느니라. 큰 산아 네가 무
엇이냐 네가 스룹바벨 앞에서 평지가 되리라. 그가 머릿돌을 내
어 놓을 때에 무리가 외치기를 은총, 은총이 그에게 있을지어다
하리라 하셨고 여호와의 말씀이 또 내게 임하여 가라사대 스룹바
벨의 손이 이 전의 지대를 놓았은즉 그 손이 또한 그것을 마치리
라 하셨나니 만군의 여호와께서 나를 너희에게 보내신 줄을 네가
알리라 하셨느니라. 작은 일의 날이라고 멸시하는 자가 누구냐.
이 일곱은 온 세상에 두루 행하는 여호와의 눈이라. 다림줄이 스
룹바벨의 손에 있음을 보고 기뻐하리라. 내가 그에게 물어 가로
되 등대 좌우의 두 감람나무는 무슨 뜻이니이까 하고 다시 그에
게 물어 가로되 금 기름을 흘려내는 두 금관 옆에 있는 이 감람
나무 두 가지는 무슨 뜻이니이까. 그가 내게 대답하여 가로되 네
가 이것이 무엇인지 알지 못하느냐. 대답하되 내 주여 알지 못하
나이다. 가로되 이는 기름 발리운 자 둘이니 온 세상의 주 앞에
모셔 섰는 자니라 하더라.

(51) 스가랴의 이상 F(스가랴 5:1-4):날아가는 두루마리

내가 다시 눈을 든즉 날아가는 두루마리가 보이더라. 그가 내

게 묻되 네가 무엇을 보느냐 하기로 내가 대답하되 날아가는 두
루마리를 보나이다. 그 장이 이십 규빗이요 광이 십 규빗 이니이
다. 그가 내게 이르되 이는 온 지면에 두루 행하는 저주라. 무릇
도적질하는 자는 그 이편 글대로 끊쳐지고 무릇 맹세하는 자는
그 저편 글대로 끊쳐지리라. 만군의 여호와께서 가라사대 내가
이것을 발하였나니 도적의 집에도 들어가며 내 이름을 가리켜 망
령되이 맹세하는 자의 집에도 들어가서 그 집에 머무르며 그 집
을 그 나무와 그 돌을 아울러 사르리라 하셨느니라.

(52) 스가랴의 이상 G(스가랴 5:5-11):에바 속의 여인

내게 말하던 천사가 나아와서 내게 이르되 너는 눈을 들어 나
오는 이것이 무엇인가 보라 하기로 내가 묻되 이것이 무엇이니이
까. 그가 가로되 나오는 이것이 에바니라. 또 가로되 온 땅에서
그들의 모양이 이러하니라. 이 에바 가운데에는 한 여인이 앉았
느니라 하는 동시에 둥근 납 한 조각이 들리더라. 그가 가로되
이는 악이라 하고 그 여인을 에바 속으로 던져 넣고 납 조각을
에바 아구리 위에 던져 덮더라. 내가 또 눈을 들어 본즉 두 여인
이 나왔는데 학의 날개 같은 날개가 있고 그 날개에 바람이 있더
라. 그들이 그 에바를 천지 사이에 들었기로 내가 내게 말하는
천사에게 묻되 그들이 에바를 어디로 옮겨 가나이까 하매 내게
이르되 그들이 시날 땅으로 가서 그를 위하여 집을 지으려 함이
니라. 준공되면 그가 제 처소에 머물게 되리라 하더라.

(53) 스가랴의 이상 H(스가랴 6:1-8):서로 다른 색깔의 말들
이 모는 네 병거

내가 또 눈을 들어본즉 네 병거가 두 산 사이에서 나왔는데
그 산은 놋산이더라. 첫째 병거는 홍마들이, 둘째 병거는 흑마들
이. 세째 병거는 백마들이. 네째 병거는 어룽지고 건장한 말들이
메었는지라. 내가 내게 말하는 천사에게 물어 가로되 내 주여 이
것들이 무엇이니이까. 천사가 대답하여 가로되 이는 하늘의 네
바람인데 온 세상의 주 앞에 모셨다가 나가는 것이라 하더라. 흑
마는 북편 땅으로 나가매 백마가 그 뒤를 따르고 어룽진 말은 남
편 땅으로 나가고 건장한 말은 나가서 땅에 두루 다니고자 하니
그가 이르되 너희는 여기서 나가서 땅에 두루 다니라 하매 곧 땅

에 두루 다니더라. 그가 외쳐 내게 일러 가로되 북방으로 나간
자들이 북방에서 내 마음을 시원케 하였느니라 하더라.

(54) 솔로몬의 여러 가지 꿈들(전도서 5:3-7; 아가서 3:1-4, 5:2-8):양면성

일이 많으면 꿈이 생기고 말이 많으면 우매자의 소리가 나타
나느니라. 네가 하나님께 서원하였거든 갚기를 더디게 말라. 하
나님은 우매자를 기뻐하지 아니하시나니 서원한 것을 갚으라. 서
원하고 갚지 아니하는 것보다 서원하지 아니하는 것이 나으니 네
입으로 네 육체를 범죄케 말라. 사자 앞에서 내가 서원한 것이
실수라고 말하지 말라. 어찌 하나님으로 네 말 소리를 진노하사
네 손으로 한 것을 멸하시게 하랴. 꿈이 많으면 헛된 것이 많고
말이 많아도 그러하니 오직 너는 하나님을 경외할지니라.

내가 밤에 침상에서 마음에 사랑하는 자를 찾았구나 찾아도
발견치 못하였구나. 이에 내가 일어나서 성중으로 돌아다니며 마
음에 사랑하는 자를 거리에서나 큰 길에서나 찾으리라 하고 찾으
나 만나지 못하였구나. 성중의 행순하는 자들을 만나서 묻기를
내 마음에 사랑하는 자를 너희가 보았느냐 하고 그들을 떠나자마
자 마음에 사랑하는 자를 만나서 그를 붙잡고 내 어미 집으로,
나를 잉태한 자의 방으로 가기까지 놓지 아니하였노라.

내가 잘지라도 마음은 깨었는데 나의 사랑하는 자의 소리가
들리는구나. 문을 두드려 이르기를 나의 누이, 나의 사랑, 나의
비둘기, 나의 완전한 자야 문 열어다고. 내 머리에는 이슬이, 내
머리털에는 밤 이슬이 가득하였다 하는구나. 내가 옷을 벗었으니
어찌 다시 입겠으며 내가 발을 씻었으니 어찌 다시 더럽히랴마는
나의 사랑하는 자가 문틈으로 손을 들이밀매 내 마음이 동하여서
일어나서 나의 사랑하는 자 위하여 문을 열 때 몰약이 내 손에서
몰약의 즙이 내 손가락에서 문 빗장에 듣는구나. 내가 나의 사랑
하는 자 위하여 문을 열었으나 그가 벌써 물러갔네. 그가 말할
때에 내 혼이 나갔구나. 내가 그를 찾아도 못 만났고 불러도 응
답이 없었구나. 성중에서 행순하는 자들이 나를 만나매 나를 쳐
서 상하게 하였고 성벽을 파수하는 자들이 나의 웃옷을 벗겨 취
하였구나. 예루살렘 여자들아 너희에게 내가 부탁한다. 너희가 나
의 사랑하는 자를 만나거든 내가 사랑하므로 병이 났다고 하려무나.

(55) 욥의 꿈(욥기 4:13-14, 7:13-14, 20:5-9, 33:15-16):두려움, 잊어버림, 경고

가. 두려운 꿈

곧 사람이 깊이 잠들 때쯤 하여서니라. 내가 그 밤의 이상으로 하여 생각이 번거로울 때에 두려움과 떨림이 내게 이르러서 모든 골절이 흔들렸었느니라.

혹시 내가 말하기를 내 자리가 나를 위로하고 내 침상이 내 수심을 풀리라 할 때에 주께서 꿈으로 나를 놀래시고 이상으로 나를 두렵게 하시나이다.

나. 잊어버리는 꿈

악인의 이기는 자랑도 잠시요 사곡한 자의 즐거움도 잠간이니라. 그 높기가 하늘에 닿고 그 머리가 구름에 미칠지라도 자기의 똥처럼 영원히 망할 것이라. 그를 본 자가 이르기를 그가 어디 있느냐 하리라. 그는 꿈같이 지나가니 다시 찾을 수 없을 것이요. 밤에 보이던 환상처럼 쫓겨가리니 그를 본 눈이 다시 그를 보지 못할 것이요. 그의 처소도 다시 그를 보지 못할 것이며.

다. 경고하는 꿈

사람이 침상에서 졸며 깊이 잠들 때에나 꿈에나 밤의 이상 중에 사람의 귀를 여시고 인치듯 교훈하시나니.

(56) 시편에 나타난 꿈:(시편 22:2, 32:4, 42:6, 63:6-8, 73:20, 89:19-37, 126:1, 127:2) 밤시간과 낮시간을 분명하게 구별할 수 없다.

　내 하나님이여 내가 낮에도 부르짖고 밤에도 잠잠치 아니하오나 응답지 아니하시나이다.

　주의 손이 주야로 나를 누르시오니 내 진액이 화하여 여름 가물에 마름 같이 되었나이다(셀라)

　내 하나님이여 내 영혼이 내 속에서 낙망이 되므로 내가 요단 땅과 헤르몬과 미살산에서 주를 기억하나이다.

　내가 나의 침상에서 주를 기억하며 밤중에 주를 묵상할 때에 하오리니 주는 나의 도움이 되셨음이라. 내가 주의 날개 그늘에서 즐거이 부르리이다. 나의 영혼이 주를 가까이 따르니 주의 오른손이 나를 붙드시거니와.

　주여 사람이 깬 후에는 꿈을 무시함같이 주께서 깨신 후에 저희 형상을 멸시하시리이다.

　주께서 이상 중에 주의 성도에게 말씀하시기를 내가 돕는 힘을 능력있는 자에게 더하며 백성 중에서 택한 자를 높였으되 내가 내 종 다윗을 찾아 나의 거룩한 기름으로 부었도다. 내 손이 저와 함께 하여 견고히 하고 내 팔이 그를 힘이 있게 하리로다. 원수가 저에게서 강탈치 못하며 악한 자가 저를 곤고케 못하리로다. 내가 저의 앞에서 그 대적을 박멸하며 저를 한하는 자를 치려니와 나의 성실함과 인자함이 저와 함께 하리니 내 이름을 인하여 그 뿔이 높아지리로다. 내가 또 그 손을 바다 위에 세우며 오른손을 강들 위에 세우리니 저가 내게 부르기를 주는 나의 아버지시요 나의 하나님이시요 나의 구원의 바위시라 하리로다. 내가 또 저로 장자를 삼고 세계 열왕의 으뜸이 되게 하며 저를 위하여 나의 인자함을 영구히 지키고 저로 더불어 한 나의 언약을 굳게 세우며 또 그 후손을 영구케 하여 그 위를 하늘의 날과 같게 하리로다. 만일 그 자손이 내 법을 버리며 내 규례대로 행치 아니하며 내 율례를 파하며 내 계명을 지키지 아니하면 내가 지팡이로 저희 범과를 다스리며 채찍으로 저희 죄악을 징책하리로다. 그러나 나의 인자함을 그에게서 다 거두지 아니하며 나의 성실함도 폐하지 아니하며 내 언약을 파하지 아니하며 내 입술에서 낸 것도 변치 아니하리로다. 내가 나의 거룩함으로 한번 맹세하였은즉 다윗에게 거짓을 아니할 것이라. 그 후손이 장구하고 그 위는 해같이 내 앞에 항상 있으며 또 궁창의 확실한 증인 달 같이 영원히 견고케 되리라 하셨도다(셀라).

여호와께서 시온의 포로를 돌리실 때에 우리가 꿈꾸는 것 같
았도다.

너희가 일찍이 일어나고 늦게 누우며 수고의 떡을 먹음이 헛
되도다. 그러므로 여호와께서 그 사랑하시는 자에게는 잠을 주시
는도다.

B. 신약의 꿈과 이상

(1) 목수 요셉의 꿈 A(마태복음 1:20-25) *
(2) 목수 요셉의 꿈 B(마태복음 2:13) *
(3) 목수 요셉의 꿈 C(마태복음 2:19-20) *
(4) 동방박사들의 꿈(마태복음 2:12) *
(5) 사가랴의 이상(누가복음 1:11-22):세례 요한 탄생 예고

주의 사자가 저에게 나타나 향단 우편에 선지라. 사가랴가 보
고 놀라며 무서워하니 천사가 일러 가로되 사가랴여 무서워 말
라. 너의 간구함이 들린지라. 네 아내 엘리사벳이 네게 아들을
낳아 주리니 그 이름을 요한이라 하라. 너도 기뻐하고 즐거워할
것이요 많은 사람도 그의 남을 기뻐하리니 이는 저가 주 앞에 큰
자가 되며 포도주나 소주를 마시지 아니하며 모태로부터 성령의
충만함을 입어 이스라엘 자손을 주, 곧 저희 하나님께로 많이 돌
아오게 하겠음이니라. 저가 또 엘리야의 심령과 능력으로 주 앞
에 앞서 가서 아비의 마음을 자식에게 거스리는 자를 의인의 슬
기에 돌아오게 하고 주를 위하여 세운 백성을 예비하리라. 사가
랴가 천사에게 이르되 내가 이것을 어떻게 알리요 내가 늙고 아
내도 나이 많으니이다. 천사가 대답하여 가로되 나는 하나님 앞
에 섰는 가브리엘이라. 이 좋은 소식을 전하여 네게 말하라고 보
내심을 입었노라. 보라. 이 일의 되는 날까지 네가 벙어리가 되
어 능히 말을 못하리니 이는 내 말을 네가 믿지 아니함이어니와
때가 이르면 내 말이 이루리라 하더라. 백성들이 사가랴를 기다
리며 그의 성소 안에서 지체함을 기이히 여기더니 그가 나와서
저희에게 말을 못하니 백성들이 그 성소 안에서 이상을 본 줄 알
았더라. 그가 형용으로 뜻을 표시하며 그냥 벙어리대로 있더니.

(6) 마리아의 이상(누가복음 1:26-38):예수님 탄생 예고

여섯째 달에 천사 가브리엘이 하나님의 보내심을 받들어 갈릴리 나사렛이란 동네에 가서 다윗의 자손 요셉이라 하는 사람과 정혼한 처녀에게 이르니 그 처녀의 이름은 마리아라. 그에게 들어가 가로되 은혜를 받은 자여 평안할찌어다. 주께서 너와 함께 하시도다 하니 처녀가 그 말을 듣고 놀라 이런 인사가 어찌함인고 생각하매 천사가 일러 가로되 마리아여 무서워 말라. 네가 하나님께 은혜를 얻었느니라. 보라 네가 수태하여 아들을 낳으리니 그 이름을 예수라 하라. 저가 큰 자가 되고 지극히 높으신 이의 아들이라 일컬을 것이요. 주 하나님께서 그 조상 다윗의 위를 저에게 주시리니 영원히 야곱의 집에 왕노릇 하실 것이며 그 나라가 무궁하리라. 마리아가 천사에게 말하되 나는 사내를 알지 못하니 어찌 이 일이 있으리이까. 천사가 대답하여 가로되 성령이 네게 임하시고 지극히 높으신 이의 능력이 너를 덮으시리니 이러므로 나실 바 거룩한 자는 하나님의 아들이라 일컬으리라. 보라. 네 친족 엘리사벳도 늙어서 아들을 배었느니라. 본래 수태하지 못한다 하던 이가 이미 여섯 달이 되었나니 대저 하나님의 모든 말씀은 능치 못하심이 없느니라. 마리아가 가로되 주의 계집종이오니 말씀대로 내게 이루어지이다 하매 천사가 떠나가니라.

(7) 예수님의 이상 A(마태복음 3:16; 누가복음 3:21-22): 성령이 비둘기 같이 임재

예수께서 세례를 받으시고 곧 물에서 올라오실새 하늘이 열리고 하나님의 성령이 비둘기 같이 내려 자기 위에 임하심을 보시더니 백성이 다 세례를 받을쌔 예수도 세례를 받으시고 기도하실 때에 하늘이 열리며 성령이 형체로 비둘기같이 그의 위에 강림하시더니 하늘로서 소리가 나기를 너는 내 사랑하는 아들이라 내가 너를 기뻐하노라 하시니라.

(8) 예수님의 이상 B(마태복음 4:8; 누가복음 4:5):마귀가 천하만국을 보여줌

마귀가 또 그를 데리고 지극히 높은 산으로 가서 천하 만국과

(9) 빌라도의 아내 꿈(마태복음 27:19) [*]

복음서를 통해서 볼 때 예수님이 꿈과 이상을 부인하지 않
았다고 본다. 예수님은 여러 차례 직접 이상을 보았다. 이러한
것은 복음서에서도 꿈과 이상을 인정하는 것이다. 복음서를
간단하게 요약해 보면 다음과 같다. 첫째, 복음서에서 영적인
세계와 육적인 세계가 함께 존재하고 있다는 것을 부인할 수
없다. 둘째, 하나님은 분명히 꿈, 환상, 비전, 천사의 출현을
통하여 일하신다는 것을 인정한다. 셋째, 복음서에서 예수님은
볼 수 없는 꿈과 비전의 세계를 믿는 사람들이 이해할 수 있
는 여러 가지 증거를 보였다.

(10) 스데반의 이상(사도행전 7:55, 56):하나님 우편에 계신 예수님을 봄

스데반이 성령이 충만하여 하늘을 우러러 주목하여 하나님의
영광과 및 예수께서 하나님 우편에 서신 것을 보고 말하되 보라
하늘이 열리고 인자가 하나님 우편에 서신 것을 보노라 한대

(11) 바울의 이상 A(사도행전 9:3-9):예수를 만남

사울이 행하여 다메섹에 가까이 가더니 홀연히 하늘로서 빛이
저를 둘러 비추는지라. 땅에 엎드려져 들으매 소리 있어 가라사
대 사울아 사울아 네가 어찌하여 나를 핍박하느냐 하시거늘 대답
하되 주여 뉘시오니이까. 가라사대 나는 네가 핍박하는 예수라.

네가 일어나 성으로 들어가라. 행할 것을 네게 이를 자가 있느니
라 하시니 같이 가던 사람들은 소리만 듣고 아무도 보지 못하여
말을 못하고 섰더라. 사울이 땅에서 일어나 눈은 떴으나 아무 것
도 보지 못하고 사람의 손에 끌려 다메섹으로 들어가서 사흘 동
안을 보지 못하고 식음을 전폐하니라.

(12) 아나니아의 환상(사도행전 9:10):바울을 만남

그 때에 다메섹에 아나니아라 하는 제자가 있더니 주께서 환
상 중에 불러 가라사대 아나니아야 하시거늘 대답하되 주여 내가
여기 있나이다 하니.

(13) 고넬료의 환상(사도행전 10:3-7):베드로를 초청

하루는 제 구시쯤 되어 환상 중에 밝히 보매 하나님의 사자가
들어와 가로되 고넬료야 하니 고넬료가 주목하여 보고 두려워 가
로되 주여 무슨 일이니이까. 천사가 가로되 네 기도와 구제가 하
나님 앞에 상달하여 기억하신 바가 되었으니 네가 지금 사람들을
욥바에 보내어 베드로라 하는 시몬을 청하라. 저는 피장 시몬의
집에 우거하니 그 집은 해변에 있느니라 하더라. 마침 말하던 천
사가 떠나매 고넬료가 집안 하인 둘과 종졸 가운데 경건한 사람
하나를 불러.

(14) 베드로의 환상(사도행전 11:5-11) *
(15) 바울의 환상 B(사도행전 16:9-10):이방전도

밤에 환상이 바울에게 보이니 마게도냐 사람 하나가 서서 그
에게 청하여 가로되 마게도냐로 건너와서 우리를 도우라 하거늘
바울이 이 환상을 본 후에 우리가 곧 마게도냐로 떠나기를 힘쓰
니 이는 하나님이 저 사람들에게 복음을 전하라고 우리를 부르신
줄로 인정함이러라.

(16) 바울의 환상 C(사도행전 18:9):주님의 위로

밤에 주께서 환상 가운데 바울에게 말씀하시되 두려워하지 말며 잠잠하지 말고 말하라.

(17) 바울의 꿈 D(사도행전 23:11):복음 증거

그날 밤에 주께서 바울 곁에 서서 이르시되 담대하라. 네가 예루살렘에서 나의 일을 증거한 것 같이 로마에서도 증거하여야 하리라 하시니라.

(18) 바울의 꿈 E(사도행전 27:23, 24):하나님의 보호

나의 속한바 곧 나의 섬기는 하나님의 사자가 어제 밤에 내 곁에 서서 말하되 바울아 두려워 말라. 네가 가이사 앞에 서야 하겠고 또 하나님께서 너와 함께 행선하는 자를 다 네게 주셨다 하였으니.

(19) 바울의 이상 F(고린도후서 12:1-6) [*]

(20) 요한이 이상(요한계시록 1:1-20:20)

2. 꿈의 상징들

꿈의 상징들은 여러 학자들이 연구한 것을 토대로 정리한 것이다. 이것은 점을 치거나 앞 날을 예언하는 데 사용하는 것이 아니라는 것을 미리 밝혀 둔다. 단지 꿈에 나타난 하나님의 뜻을 이해하기 위해 기도하는 마음으로, 여러 성도의 신앙생활에 도움을 주고자 정리 요약한 것이다. 거듭 말하지만 오해가 없기를 바란다. 그 어떤 것보다도 하나님의 말씀이 우월하고 그 어떤 철학 사상보다도 하나님이 우선함을 믿는다

<h2 style="text-align:center"><ㄱ></h2>

·가면

다른 사람들로부터 당신의 참모습을 숨긴 것이다. 말하자면 자신의 약점들을 모두 감추고 있다. 그러나 오래가지 못할 것이다.

·가발

가발은 모조품을 뜻한다. 머리카락은 우리의 사상을 표현하지만 가발은 거짓의 한부분으로 나타난다.

·가슴

미국 사회에서 여성의 가슴은 성에 대한 최고의 상징이다. 여자들 자신이 꿈에서 보는 가슴은 개인적으로 고상함과 감수성, 그리고 아름다움을 나타낼 수 있는 좋은 기회가 온다는 신호이다. 가슴을 빼앗기는 꿈은 자신의 아름다움을 잃고 실망에 빠질 것이다. 반면에 남자들에게는 성적 자극으로서 가슴을 그린다. 그것은 또한 좋은 감정과 영양의 근원이 된다. 그리고 가슴은 음식을 구할 수 있는 근원지가 될 것이다.

·가위

가위질은 성행위를 표현한 것이다. 반면에 가위는 흠있는 것이나 필요없는 부분을 절단할 수 있는 기능이 있다.

· 간음

그 자체의 행위는 진실을 거스려 사람들과 약속을 깨뜨리는 것이다. 우리가 사람들을 배반하였는가? 우리가 사람을 매도했는가? 간음은 성적으로 불결한 것을 포함하지만 그것은 타협과 사기의 상징이기도 하다.

· 간질

간질은 육체적인 문제로 자기의 몸을 원하는 대로 움직이지 못하는 것이다. 우리의 삶을 조정하지 못하는 것이다. 그러므로 삶의 방향을 잃게 된다.

· 간호사

간호사는 위안과 돌봄의 상징이다. 간호사를 꿈에서 보면 우리의 환경이 회복되고 있다는 것이다. 간호사는 어머니처럼 따뜻한 정을 느끼게 한다.

· 감옥

문이 잠겨있는지 확인하라. 당신의 양심이 현재 지불해야 할 벌금을 처리해야 한다.

지금 당신은 두려움, 금기, 태도, 어린시절 놀이의 제한으로부터 스스로를 감옥으로 만들고 있다. 감옥은 심각한 무능을 보인 것이다.

· 감염

여러 사람이 당신의 삶을 방해하고 있다. 쉽게 말하면 당신의 음료수에 독약을 넣었다. 당신의 생기있는 삶 속에 침입자를 색출해야 한다.

·강

이것은 에너지, 즉 생명의 힘 뿐만 아니라 방향과 운명도
상징한다. 살아있는 강물은 성령을 상징한다. 또 강에서 행하
는 침례는 자신을 깨끗이 씻는 것을 의미한다.

·강간

외부의 압력으로부터 폭행당한 학대를 표현한 것이다. 문제
의 근원을 찾아야 한다. 여자들에게 주어진 꿈은 자신의 몸관
리에 신중해야 한다.

·강도

강도는 법을 무시한 폭력의 상징이다. 이것은 우리의 마음
이 친구, 가족, 이웃으로부터 안전하게 있지 않다는 것을 경고
해 주는 것이다. 이런 꿈을 꾸었을 때 매우 주의해야 한다. 작
은 사건이 일어나고 우리의 소유물이 아닌 것을 취하게 될 것
이다. 여자들의 꿈에 이러한 깅도가 니디났디면 성적 교제를
매우 두려워 하고 있다는 말이다.

·개

개는 죽음의 문지방에서 구하여 주는 충성스러운 친구이다.

·거미

거미줄은 매우 복잡하고 섬세하다. 한번 걸리면 빠져나갈
수 없다. 따라서 조심해야 한다. 거미는 어머니의 좋지 않은
건강을 조정하고 우리의 삶을 속이는 일을 한다.

· 거북이

거북이의 단단한 껍질은 무신경과 무감각이다. 이러한 거북이는 천천히 기어가지만 경주에서 승리한다.

· 거세

고전적으로 이 상징은 남자의 성과 힘을 잃는 것이다. 따라서 우리는 거세의 근원을 찾아내야 한다. 누가 칼을 들었는지 말이다.

· 거울

거울은 우리가 볼 수 없는 부분을 볼 수 있다. 꿈 속의 거울은 그러한 기능을 보이고 있는 것이다. 우리에게 숨겨있는 것을 그 거울로 우리는 보아야 한다.

· 거인

거인은 큰 재물과 큰 문제 두 가지를 동반한다. 당신에게 보이는 거인이 친구인가 적인가를 알아야 한다. 아마 큰 키의 사람은 장기적 목적을 이룰 수 있는 능력을 말하기도 한다.

· 건널목

당신에게 중요한 결정의 순간이 왔다. 당신의 삶을 살펴 잘 결정해야 한다.

· 검

검은 진리의 상징이다. 또한 다른 사람을 보호하는 것이다. 말씀의 검, 즉 진리의 검은 사탄을 무찌를 수도 있고 자신을 방어할 수도 있다.

· 검정

꿈에서 흑인이 보이는 것은 인종차별의 배경을 나타내고 있는 것이다. 검정색깔은 발전이 없는 원시적인 특성을 가리킨다. 이것이 우리가 가지고 있는 근본적인 성격이다. 또 이것은 위험의 상징이다. 하나님께서는 특별한 의미를 주기 위해 색깔을 보여 주신다. 자주색은 왕실을, 녹색은 생명을, 빨강색은 구속 또는 구원을, 파랑색은 성령님을, 흰색은 정결, 거룩, 혹은 하나님의 임재를, 오랜지색은 경고나 위험을 나타낸다.

· 결혼

결혼은 변형(transition)의 상징이다. 예수님은 종종 결혼예식에 대하여 말씀하셨다. 결혼은 둘이 하나가 되는 것이다. 이것은 성적인 연합뿐만 아니라 안정을 말하는 것이다. 따라서 우리는 결혼에 관하여 잠재적인 어떠한 느낌을 가질 수 있다. 이것은 새 출발을 의미하기도 한다.

· 계단

목적을 향하여 가는 길이다. 종종 계단을 오르는 것은 성적 흥분의 극치를 표현한 것이다. 반면에 사다리는 사회생활의 승진과 발전을 의미한다.

· 계곡

계곡을 내려가는 것은 삶의 어려운 순간이다. 이것은 또한 좌절의 시간이다. 그것은 여성의 성기관을 말하기도 한다.

· 고아

무엇인가 잃게 된다. 또는 무엇인가 오해를 가져 올 것이다.

· 고양이

심사숙고한 지혜, 독립정신이 있다.

· 공동묘지

공동묘지는 죽음의 임박을 알려 주는 신호이다. 이것은 또한 죽음의 공포를 몰고온다. 또 다른 면으로 보면 이것은 변형의 상징이기도 하다. 현재의 환경에 의해서 과거를 묻어버리기도 한다.

· 공장

인생이 힘든 작업장에서 이루어지는 것 같은 느낌을 가진다. 모든 것이 조립되고, 부서지고 있다. 아마 개인적으로 무엇인가 잃게 될 것이다. 힘든 삶을 살 것이다.

· 꼬리

동물의 꼬리는 성적인 면을 의미한다. 특히 등뼈에 달려 있는 꼬리는 매우 큰 힘이 있다.

· 꼭두각시

현재의 삶에서 당신은 속고 있다. 어쩌면 사람들에 의해서 속는지 모른다. 아니면 당신의 삶이 위선자의 삶인지를 뒤돌아 보아야 한다.

· 꽃

꽃은 종종 사랑하는 사람에게 전해 주는 것이다. 우리의 기쁜 마음을 전하는 데 사용되고 있다. 시들은 꽃은 사랑이 끊어지는 것이다.

·과부

당신의 배우자를 잃은 것에 대해 두려워하지 말라. 당신은 지금 매우 중요한 시간을 가지고 있는 것이다.

·관

세상에서 살고 싶지 않다는 것이다. 삶의 욕망을 잃은 상태이다. 심하면 스스로 목숨을 끊는 일도 있다.

·교회

일반적으로 교회는 종교의 상징이다. 교회 건물이나 속에서 일어나는 사건은 신앙생활의 영적 상태를 보여주고 있는 것이다. 집의 방들이 중요한 것처럼 교회 안에 있는 모든 방들이 우리의 영적 방향을 제시해 준다.

·그네

나의 생활과 관세없는 모험을 피하라.

·금

금은 부의 상징이다. 꿈에서의 금은 영적 풍성을 나타낸다. 왜냐하면 금은 변색되는 것이 아니라 영원한 가치를 가지는 것이기 때문이다.

·기름

마차나 자동차 바퀴에 꼭 필요한 것이다. 이 기름은 치료를 상징한다(약 5장). 올리브 기름은 치료와 평안을 나타내고 있다. 꿈에 기름을 뒤집어 쓰고 있는 사람이 있다면 이것은 위험한 경고이다.

·기사

소녀들은 빛나는 칼을 든 기사들이 그들을 구하는 것을 본다. 기사는 정직하고 모범적이며 강한 사람으로 나타난다.

·기생충

사람의 상태를 말한 것이다. 기생충은 우리에게 기어들어와서 우리의 힘을 빼앗아간다. 이 문제를 위하여 내 삶을 살펴 정돈해야 한다.

·기찻길

기차역이나 터미널은 차를 갈아타는 곳이다. 기차는 우리가 여행할 수 있는 교통 수단이기도 하다. 기차를 갈아타는 꿈을 꾸었으면 자신의 방향이 어디인지 살펴보아야 한다. 만약 기차를 놓치는 꿈을 꾸었으면 당신에게 경고가 된다.

·기침

병을 앓게 되는 신호이다. 당신의 체온을 점검해야 한다. 목구멍에 문제가 있으므로 건강에 주의해야 한다.

·기형

종종 꿈 속에서 그림자의 모형으로부터 기형의 사람으로 나타난다. 그것들은 우리 자신의 몸의 한부분으로서 받아들일 수는 없다. 난장이나 꼬마는 성숙하지 않은 부분으로 나타난다.

·길

길은 생명과 우리의 운명을 표현한 말이다(요 14:6).

〈ㄴ〉

·나무

나무는 힘과 인내의 상징이다. 생명나무는 영적 용기를 말한다. 그리스도의 십자가 또한 나무로서 구원의 힘이 있다. 우리의 삶은 뿌리가 있는 나무와 비교할 수 있다. 이것은 하늘을 향하여 성장하고 있다.

·나비

매우 화려한 변화의 상징이다. 인생의 죽음을 맞는다 해도 부활되는 것처럼 다시 시작할 수 있다.

·나체

육체의 노출은 우리에게 두려움을 준다. 안전한 느낌을 가지지 못한다. 그 동안 쌓여있는 자신의 감정을 표현하고 싶어한다. 우리가 너무 믿는 사람으로부터 실망을 가진다.

·나침판

나침판은 방향을 표시한다. 우리의 생활에 방향을 알리는 것이다.

·낙태

남자도 낙태의 꿈을 가지는가? 자신의 중요한 것을 잃는다면 나타나게 된다. 이것은 재난의 임박함을 보이는 것이다. 특별히 자신의 감정을 잘 조절해야 한다.

· 낙하산

낙하산은 탈출에 사용하는 장비이다. 이것은 위험으로부터 피하고 극복할 수 있는 도구요 상징이다.

· 날씨

날씨는 많은 은유로 표현하고 있다. 은빛 구름은 행복이고, 폭풍은 어둠이다. 날씨는 당신의 환경의 조건과 분위기의 상징이다. 구름은 절망을 주고 임박한 어려움을 표현한 것이다. 당신의 감정은 꿈 속에 나타난 날씨를 통하여 알 수 있다.

· 남편

꿈 속에 나타난 배우자는 우리 삶을 반영한 것이다. 꿈에서 부부의 관계는 어떻게 진행되었는지를 살펴보고 현재의 삶을 점검해 나가야 한다.

· 냉장고

얼음을 참조하라.

· 눈

눈은 양심과 의식의 좋은 상징이다. 꿈에서 "내가" 바로 눈이요 문지기이다. 눈은 다른 사람이 잃은 것을 볼 수도 있다.

<ㄷ>

· 달

둥근달 또는 신혼여행 즉 로맨스는 하늘에 떠 있다. 정신

이상자들은 은은하게 빛나는 달의 유혹에 빠져 있는 사람들이
다. 달은 비이성적인 충동의 느낌을 가져온다.

· 달걀

계란은 종종 가능성의 상징이다. 잠재적인 희망은 계란으로
부터 본능적인 메세지를 얻게 된다. 계란은 깨어지기 때문이
다. 한 바구니 안에 많은 계란을 두는 것은 위험하다.

· 달리기

대개 사람들은 꿈에서 달리다가 깨어난다. 꿈 속에서 아무
리 빨리 달려도 멀리 갈 수 없다. 우리의 감정을 숨길 수 없
다는 말이다. 우리의 삶의 허무함을 본 것이다. 현재의 삶이
많은 노력과 땀을 흘리지만 결과는 없다는 의미이다.

· 대학교

이곳은 자신의 발전을 의미한다. 만약 꿈에서 당신이 대학
에 들어 갔다면 당신 생활에서 무엇인가를 얻게 될 것이다.

· 땀

땀은 에너지를 소비한 것이다. 흘리는 땀을 소홀히 하지 말
라. 에너지는 당신에게 중요하다.

· 두려움

두려운 꿈에서 가장 중요한 것은 꿈의 해결점을 찾는 것이다.
꿈에서 경험하는 마지막 메세지 안에 회답을 찾을 수 있다.

· 도보

꿈에서 걷는 것은 현재의 우리의 생활을 나타낸 것이다. 우리가 걸어가는 방향의 환경을 살펴야 한다.

· 도깨비

도깨비는 인간을 좋게 하는 것이 아니라 실패를 준다. 도깨비는 인간보다 더 큰 힘을 갖고 있다. 이들은 미움, 두려움, 진노로 광야에서 날뛰는 것처럼 움직인다. 이 위험한 폭탄 같은 도깨비를 우리는 잘 다루어야 한다.

· 도서관

지혜 사용의 축적은 도서관을 의미한다. 도서관은 지혜의 근원이다.

· 독수리

약한 사람들이 매우 어려운 시기에 있다. 당신은 힘없는 사람들의 행동을 보고 돌봐 주어야 한다.

· 둥근원

이것은 완전의 상징이다. 둘러싸어 있는 원은 자연을 말한 것이다.

· 동물원

우리의 본능은 새 장에 있다. 따라서 해방될 필요가 있다. 꿈은 갇혀있는 우리의 삶을 동물원으로 표현했다.

· 동정녀

순수하고 죄없는 상태, 경건한 시간을 말한 것이다. 다시 말해서 흠없는 우리의 삶을 표현한 것이다. 이것은 부정한 것에 접근하지 말라는 신호이다. 동정녀는 결혼하지 않은 처녀를 말하는데 이것은 인간의 정신 상태를 나타낸다. 처녀는 궁극적으로 가난과 낮음의 상징이다. 하지만 하나님에 의해서 높여졌다. 처녀 마리아는 예수님을 낳으므로 우리를 구원으로 인도했다.

· 돼지

더럽고 단정하지 못한 모습을 상징한 것이다. 구약에서는 돼지를 부정한 것으로 말한다. 예수님 또한 2000마리의 돼지 떼에게 귀신이 들어가게 해 몰사시킨 일이 있다.

· 동굴

동굴, 사발, 남비, 자궁은 창조적인 콘테이너(container)이다.

· 동물

꿈 속에 나타난 동물들의 특성을 잘 보아야 한다. 노새는 고집스럽게 주인을 거부한다. 거북이는 껍질 속으로 숨어 들어가서 천천히 움직인다. 토끼는 번식력이 왕성하다. 뱀, 전갈, 용, 거미는 마귀의 상징이다. 이 동물들이 어디에서 무엇을 어떻게 하고 있는지 관찰해야 한다. 특히 본인이 기르는 애완동물은 나의 삶에서 새로운 영역을 보이기 위해서 나타나는 것이다. 좀더 말해보면 곰은 힘, 새는 자유와 영적 상승, 영혼이고, 여우는 현명함, 개미는 산업의 번성, 사자는 힘과 성공, 승리의 상징이다.

<ㄹ>

· 레몬

레몬처럼 시큼한 맛은 사람들의 입을 즐겁게 할 수 없다. 불완전한 자동차는 레몬과 같다. 레몬은 신맛이다.

<ㅁ>

· 마법사

어머니는 꿈에 종종 마법사로 나타난다. 마법사의 인상은 감정을 다치게 하고 느낌을 불쾌하게 한다. 우리가 마법사의 위치에서 사람들과 대화하는 것은 중요하다.

· 만취

우리의 삶이 원하는 대로 이루어지지 않는다. 현재의 삶이 흥분 속에서 방향을 잃지 않도록 해야 한다. 만취로 의식을 잃지 않도록 해야 한다.

· 말

힘있게 보이는 말은 우리를 매혹한다. 이것은 또한 성적 자극을 주는 것이다. 사나운 말은 자유와 독립의 상징이다. 흰 말은 정신과 창의성에 관련한다.

· 망치

이것은 힘을 상징한다. 남자의 성기와도 관련이 있다. 망치
질은 강한 힘으로 중요하지 못한 메세지를 전하는 것이다.

· 무기력

힘을 잃는 두려움은 대개 상징적인 형태로 나타난다. 말하
자면 성적 무기력이 이러한 형태로 나타난다.

· 무지개

무지개는 평화와 조화의 상징이다. 이것은 중요한 목적을

성취한다는 약속이다. 또한 당신에게 내적 평화가 찾아올 것
이다.

· 매춘

돈을 벌기 위해 자신의 몸을 파는 것이다. 당신의 삶은 타
협이 필요한 때이다.

· 맹인

삶이 집중하지 못한 것을 보여준다. 꿈에서 나타난 맹인의
기능은 우리가 무시해 버린 어떤 것을 알 수 있게 해준다. 우
리가 때때로 중요한 진리를 멀리하였기 때문이다.

· 머리카락

신체 중 머리가 차지하는 비중은 매우 크다. 공식적으로 나
타나는 머리카락은 성적 의미를 부여하며, 긴 수염은 권위와

지혜를 말한다. 머리카락의 손실은 힘과 성적 기능을 잃는다.
삼손의 경우가 그렇다. 머리카락은 성적 욕구를 표현한 말이다.

· 멍에

당신은 사람들과 똑같은 짐을 졌는가? 당신의 배우자는? 사
업의 동업자와는? 당신의 느낌은 무엇인가? 당신의 멍에는 무
엇인가?

· 문

문은 기회와 억압을 나타낸다. 이것은 새 삶의 장을 여는
것이다.

· 문신

문신은 피부에 새겨두는 것이다. 그 새겨진 그림은 바로 당
신의 인상을 보인 것이다.

· 물

물은 무의식, 영혼, 자신을 표현한 것이다. 또 물은 어머니
를 상징한다. 홍수가 있다면 죽음과 파괴를 의미한다. 종종 바
다는 무의식의 세계이다. 내적 세계는 물 표면 아래 숨어있다.
호수, 연못, 저수지는 우리의 마음과 감정이 숨어있는 곳이다.
따라서 물의 색깔을 주의해 보아야 한다. 이것은 무의식 상태
를 말해 주기 때문이다. 성서에서는 물은 구원이고, 정결한 것
을 말했다(엡 5:26). 예를 든다면 호수 밑 바닥을 탐험하는 스
쿠버 다이버를 꿈에서 보았다면 하나님 말씀에서 전에 발견하
지 못한 깊은 진리를 깨닫게 될 것이다.

· 물고기

바다에서 노는 물고기는 인간들의 무의식 세계를 보여 준
것이다. 호수와 바다는 무의식의 상징이다. 내부에서 움직이고
있는 물고기는 곧 당신에서 나타날 것이다. 물고기의 움직임
은 우리 앞에 찾아오는 좋은 소식을 말하는 것이다.

· 모래

흐르는 모래를 조심해야 한다. 우리가 피할 수 없는 무엇인
가 삼키게 될 것이다. 자신을 뒤돌아보지 않으면 어려움을 당
하게 된다.

· 미이라

미이라에 있는 사람을 주의깊게 생각해야 한다. 당신은 무
엇인가를 구하기를 노력하고 있다. 무덤에 있는 것은 당신에
게 좋은 믿음과 아이디어가 될 것이다. 당신은 지금 머물러
있지 밀고 가야 할 시간이디.

· 미치광이

어떤 보이지 않는 힘에 의해서 자신의 의지를 잃은 상태,
즉 이성을 잃은 상태이다. 이것은 매우 위험한 상태에 서 있
음을 보여 준 것이다.

<ㅂ>

· 바늘

바늘은 우리를 괴롭히고 찌른다. 그것은 우리에게 상처를

입힌다. 이 고난의 근원을 찾아야 한다.

·바다

물을 참조하라.

·바보

이것을 우리 자신의 한부분으로 받아들일 수는 없다. 종종 이런 꿈의 세계는 사랑과 도움을 필요로 하고 있다. 따라서 주위를 돌아 보아야 한다.

·바위

바위는 안전과 영원한 힘을 상징한다. 이것은 하나님을 의미한다. 꿈에 본 바위는 용기를 주는 신호이다.

·방해

나의 부유함 때문에 무의식에서 깨어났어도 여전히 나에게 오는 위협을 무시해 버리는 처사이다. 전후좌우를 살피지 못하는 사람이다.

·백조

이 새는 변형의 상징이다. 추한 오리가 아름다운 모습으로 바뀌어지듯이 자신은 영광을 나타나게 된다.

·병원

병원은 환자들이 회복되는 곳이다. 거기에는 수술실도 있다. 이것은 우리의 삶의 문제를 제거하여 주는 곳이다. 따라서 꿈에서 나타난 병원은 회복을 나타내고 있다.

· 부

우리는 가끔씩 재정적인 손실을 두려워 한다. 우리의 진실한 부의 축적을 향하여 나아가는 길만이 살길이다.

· 불

꿈에서 일어나는 불은 내적 세계에서 무엇인가 일어나고 있다는 것이므로 목사님에게 상담을 해야 한다. 불로써 파괴되는 것은 무엇인가 원인이 있음을 기억해야 한다. 불은 청결을 상징한다. 그래서 더러운 것을 태워 깨끗케 한다. 불은 에너지와 힘을 나타낸다.

· 보석

먼저 보석이 당신에게 주는 교훈이 무엇인가 생각하라. 당신이 꿈 속에서 본 보석에 대한 느낌은 무엇인가? 보석들이 의미한 뜻을 다음에서 찾아 보아야 한다.

신주-아름답지민 고통을 가저온다.
루비-사랑의 상징이다.
다이아몬드-영원을 상징한다.
에머랄드-성숙을 상징한다.

· 보트

종종 세상을 여행하는 자신을 말하고 있다. 폭풍의 바다는 현재 우리의 고난과 역경, 즉 괴로운 상황을 보여 준 것이다.

· 봉고차

이 차는 우리의 인생의 여행 길을 다른 장소로 옮겨다 주는 것으로 나타난다.

· 배고픔

삶에 문제가 일어난 것이다. 우리가 주의해야 할 일을 무시해 버렸다는 뜻이다.

· 배우

꿈에서는 많은 사람들이 나타나고 있다. 아버지, 어머니, 형제, 자매, 유명인사, 대통령, 배우… 등. 이렇게 등장하는 사람은 그들의 속성을 보여 주고 있는 것이다. 아버지는 하나님, 어머니는 성령님. 형제는 예수님으로 나타날 수도 있다. 대개 대통령이나 유명 배우는 아버지로 많이 등장한다.

· 밴드

화려한 퍼레이드를 생각하여 보라. 많은 군중들로 운집하여 있다. 밴드가 동원된 조화로운 행사는 당신의 여러 가지 다른 성격을 하나로 일치시켜 주는 것이다.

· 비행기

날으는 것은 흥분의 상징이다. 자신이 비행기를 조종하는지 아니면 타고 있는지를 알 필요가 있다. 또 자신의 비행기가 목적지를 향해 잘 날고 있는지 아니면 어디론가 도망하는지를 살펴 볼 필요가 있다. 비행기는 당신의 야망을 나타낸다.

· 빗자루

비는 모든 것을 쓸어버릴 것이다. 이것으로 집도 청소할 것이고, 우리의 삶에 무엇인가를 제거하여 줄 것이다. 말하자면 나에게 오랫 동안 붙어 다니는 불필요한 것을 쓸어버릴 것이다.

· 빚

양심에 무엇인가 묻어 두었다. 사람들과의 관계에 실패하였
다. 할 수 있다면 사람들과 관계를 회복하여야 한다.

· 빵(떡)

빵은 생명의 지팡이라고 부른다. 빵은 우리의 육신에게 없
어서는 안되는 것이다. 우리의 에너지는 빵으로부터 얻을 수
있다. 빵은 그리스도의 생명을 위한 상징이다.

<ㅅ>

· 사다리

야곱의 꿈에서 이것은 하나님께 도달하는 것으로 나타났다.
사다리는 목적지에 도달하기 위한 수단이다. 사다리는 높은
곳을 올라 갈 수 있게 용기를 주는 상징이다.

· 사막

사막에서 방황하며 걷는 것은 풍성하지 못한 삶, 즉 빈약한
삶의 신호이다. 매우 힘든 삶으로 나타나고 있다. 자신의 사업
장과 감정을 살펴보아야 한다.

· 사장

권력문제, 인사문제, 직장생활의 관계성을 보여준 것이다.

· 사진

사진은 과거의 생각들을 불러온다. 꿈에 나타난 사진의 배

경, 그때의 나이, 인상, 분위기 등을 살펴보아야 한다.

· 사탄

검은 옷을 입은 사제는 마귀로 나타난다. 때때로 그는 아름다운 모습, 매혹적인 여인, 사랑의 인격체로 나타난다. 사탄은 머리에 뿔을 가지고 있다. 옛마법사들이 주술을 할 때 뿔모양의 모자를 쓴 것처럼 말이다.

· 샴푸

이것은 깨끗함의 상징이다. 죄에서 해방을 의미하기도 한다. 우리의 머리를 씻는다는 것은 자유로운 삶의 시작이다.

· 색깔

꿈에서 나타난 색깔은 매우 중요하다. 일반적으로 색 구별을 보면 초록은 생명이나 성장이다. 빛바랜 색깔은 생명의 손실을 가져온다. 정신적인 색 구별을 보면 초록은 시기, 성격, 생명, 질병이다. 빨강은 위험, 주의, 고난, 진노, 사랑, 인간의 정이다. 황금색은 건강, 귀중한 것과 하나님이다. 노랑은 행복, 기쁨, 비겁함이다. 청색은 하늘, 왕실, 치료, 종교적 상징이다. 갈색은 절망, 임박한 폭풍, 부정직의 상징이다. 검정색은 절망과 어둠이다. 흰색은 평화, 순결, 깨끗함을 말한다.

· 선원

삶의 방향을 알려준다.

· 섬

중요한 일들이 끊어지는 고립된 느낌을 갖는다. 우리의 감정이 생각을 앞서지 말아야 한다. 지금 외로움을 해결해야 한다.

· 성교

군대의 승리를 나타낸다. 특별히 기암절벽으로 싸여 있는 요세를 정복할 수 있다. 이것은 아무 의미없이 산을, 계단을, 사다리를 오르는 행동을 한다.

· 세탁기

세탁기는 우리의 더러운 옷을 빤다. 다시 말해서 회개를 요구하고 있는 것이다.

· 수도승

수도승을 보는 것은 목사나 신부를 본 것과 같다. 이들은 종교적 가르침과 통찰력의 강한 상징이다. 그들에게 영적인 이해와 지혜가 나타난다. 꿈에서 수도승을 보았다면 당신은 세상을 벗어나 좀 휴식을 가져야 한나.

· 수술

병원을 참조하라.

· 수영

무의식에서의 활동이다. 우리의 느낌과 감정을 표출한 것이다. 만약 당신이 수영을 못하면 당신의 감정을 잘 조절하지 못한다는 뜻이다. 반면에 이것은 정반대의 메세지를 가져 올 수도 있다. 만약 당신이 물을 무서워 한다면 당신의 얼굴에 수심이 가득차 있는 것이다.

· 술집

영국 사람들은 이곳을 친구와 우정을 나누는 곳으로 생각한
다. 미국 사람들 대부분이 이곳을 비밀을 말하는 장소로 의식
한다. 쉽게 말해서, 이곳은 새로운 기분을 얻는 장소이다. 꿈
에서 술집에 들어간다면 힘든 인생살이에서 잠시 휴식을 취하
는 시간이 되겠다. 반면에 음주, 흡연, 음식은 종종 세상에 머
물러 있는 상태를 말하고 있다.

· 순례

이러한 꿈은 고상함과 거룩한 모험을 향한 여행을 말한다.
현실을 위한 자신의 여행을 잘 표현한 것이다.

· 숫자

제일 먼저 생각할 것은 숫자는 우리의 삶에 중요한 일이 일
어났을 때 우리의 나이를 말한다. 시계에서 볼 수 있는 숫자
또한 우리의 나이를 말한다.

0은 아무 뜻도 없다. 1은 나눌 수 없는 것으로 개인, 고독,
시작을 뜻한다. 2는 반으로 나눌 수 있다 반면에 합할 수도
있다. 이것은 동료, 쌍둥이이다. 3은 삼각형의 모형을 보인다.
이것은 삼위일체로 자신의 탐구이다. 4는 네 모퉁이를 가지며
안전을 표시한다. 여기에는 제한, 지구, 땅이다. 5는 행동의 변
화이다. 6은 균형, 조화, 사랑이다. 7은 하나님의 완전 숫자이
고 행복의 숫자이며 치료이다. 8은 권력과 힘이다. 9는 완성과
종료이다. 10은 제도적으로 완벽한 숫자이다. 12는 성경적 숫
자이다. 12지파, 12사도 등

· 소

소는 창세기에서 등장하고 있다. "일곱 좋은 암소는 일곱 해요"(창 41:26) 여기서 소는 한 해를 의미했다. 동물을 참조하라.

· 소화불량

잠자리에 들기 전에 피자나 라면을 먹지 않는 것이 좋다. 당신의 삶에서 욕심을 부리지 말아야 한다.

· 쇠줄

강한 쇠줄은 중요한 것을 놓치지 않는다. 또한 이것은 속박을 의미하기도 한다. 따라서 꿈 속에 쇠줄은 속박과 보호 두 의미로 사용된다. 빌립보 감옥에서 바울과 실라가 쇠고랑을 끊었다. 고난 후에 해방이 있다.

· 시계

시계는 우리의 삶 또는 생명의 속도를 말한다. 만약 시계바늘이 밤 12시에 있다면 당신에게 매우 중요한 시간이 임박한 것이다. 종종 시계바늘이 가르치는 숫자는 당신에게 중요한 일이 일어나는 나이를 나타내는 것이다.

· 시험

많은 사람들이 시험에 실패하는 꿈을 가진다. 그런 꿈은 자신의 무능함을 보인 것이다. 이것은 어떤 시험 앞에서 두려움을 갖는 것이다.

· 식당

식당은 당신의 사회성을 말한 것이다. 식당의 분위기가 바로 당신의 사회생활이다.

· 신문

우편을 참조하라.

· 신발

의복을 참조하라

· 실

실이 감겨있다면 주의하라. 그 상황은 깨어진 부분이다.

· 십자가

일반적으로 십자가는 죽음과 무덤을 상징한다. 종교적인 상징은 그리스도의 고난이다. 그리고 죽음을 이기고 부활한 승리의 상징이기도 하다. 그러므로 십자가는 새로운 출발을 의미한다.

· 씨

당신의 아이디어, 생각, 가치를 찾아라. 성경의 밀알을 기억하라. 100, 60, 30배의 결실이 당신 앞에 있다.

<o>

· 아기

갓난 아기가 보일 때는 배경을 잘 살펴 보아야 한다. 아기는 자신의 삶의 연장을 나타내고 있다. 또한 계획, 사업, 아이

디어, 창조는 갓난아기의 상징이라고 할 수 있다. 또한 우리의
삶에 나타난 어린 시절의 한 경험이라고 할 수 있다.

·아버지

일반적으로 꿈에서 나타나는 아버지는 본인 자신이다. 종종
일어나는 문제는 사람들간의 관계성이다. 때때로 아버지는 하
나님으로도 나타난다.

·악마

사탄을 참조하라.

·안개

당신에게 분명히 보이지 않는 것이 무엇인가를 알아야 한
다. 왜 당신은 방황하며 걷고 있는가를 생각해 보아야 한다.

·안경

만약 당신이 안경을 썼다면 당신이 필요한 것을 얻게 될 것
이다. 반면에 중요한 것을 잃어버릴 수도 있다.

·안내

안내는 지혜를 상징한다. 지혜는 새로운 방향을 찾는 데 도
움을 주고 있다. 그것은 우리의 내적 능력을 향상시키고 있다.
우리에게 필요한 새로운 지식은 사람들에게 안내의 역할을 한다.

·암

악한 병들은 속에서부터 일어난다. 우리의 내부에서 일어나
는 악한 감정은 부모와 형제를 죽이기까지 한다. 암은 자신을

죽이는 아주 악한 병이다. 이것은 인간의 최고의 적으로 상징한다.

·약물

속을 씻는 약물은 우리의 감정적 정신적 병을 의미한다. 굉장한 아이디어나 믿음을 취하기도 한다. 육체적 상태에 있는 꿈은 우리 몸의 쇠약이 임박함을 알리는 것이다.

·양

예수님의 상징이다. 양은 죄가 없고 경쟁이 없고 온순하다. 따라서 삶의 평화로움을 보여 준 것이다.

·양초

촛불은 어둠 속에 빛을 가져온다. 이것은 이해의 추구와 지혜를 말한다. 우리의 어두운 생활을 추방하는 무기는 촛불로 상징하고 있다.

·어린이

어린이는 매우 중요한 상징이다. 어린 시절의 회상은 자신의 모습으로 바라보아야 한다. 이것은 어린 시절을 시험하기도 한다. 어린 시절의 상태가 어떠했는가? 무시되었는지 행복했는지 말이다. 종종 어린이는 생명의 상징이다. 어린 예수 그리스도에게는 하나님의 성품이 나타나기도 했다.

·언덕

언덕은 현재 힘과 도전을 상징하는 것이다. 이 언덕은 우리가 올라가야 할 것을 보여 준 것이다.

· 얼굴

때때로 얼굴은 우리의 마음을 숨기고 있다. 꿈에서 나타난 얼굴은 숨겨진 문제들을 우리에게서 찾고 있는 것이다. 당신은 기억하라. 두 얼굴을 가진 사람인지를 말이다. 당신의 삶의 현장을 보여준 것이다.

· 얼음

얼음은 마음 문을 닫아버리는 것을 말한다. 우리의 삶의 담을 헐어버리는 것이 시급하다. 쉽게 말한다면 얼어붙은 마음을 녹일 시기라는 것이다. 형제, 부모, 친구, 이웃과의 관계성을 살펴보라.

· 엄마

엄마는 요람과 무덤의 시기를 나타낸 것이다. 이것은 지금 당신이 무엇인가 도움을 받아야 할 시기인 것이다.

· 엑스레이

어떤 사람이 투명하게 나를 들여다 보고 있다. 당신의 느낌을 노출시키는 것을 주의하라.

· 여드름

얼굴의 흠이 보이면 개인적으로 많은 질문을 얻게 될 것이다. 피부의 폭발은 마음의 불안과 결점을 가진다. 폭발하는 감정을 잘 다스려야 할 것이다.

· 여왕

여왕은 어머니로 나타난다. 여자들의 꿈에서는 자신이 여왕의 역할로 나타나기도 한다.

·열

열은 병을 얻게 된다는 징후이다. 열은 당신에게 경고를 말하기도 한다.

·열쇠

프로이드는 열쇠는 성적 활동을 의미한다고 했다. 열쇠는 억압으로부터 해방을 상징한다.

·엿가락

우리 안에 여기 저기 붙어있는 것을 닦아내고 청소하라. 혼란한 삶을 청산해야 한다.

·예술

벽 위에 걸려 있는 그림을 매우 주의하여 보라. 그 장면은 무엇인가? 당신의 욕망을 채울 수 있는 기회다. 그림에서 당신이 볼 수 있는 것이 무엇인지 당신의 감정적 생활을 진솔하게 말하라.

·우산

기대하지 않은 폭풍이 우리에게 다가오고 있다는 것을 경고하는 것이다. 갑자기 일어나는 당신의 분노를 주의하라.

·우편

편지는 무의식 가운데서 메세지를 받을 수 있는 방법이다. 꿈에서 편지는 우리의 관심을 얻기 위한 특별한 장치라고 할 수 있다.

· 울타리

때때로 우리는 자신의 울타리를 꿈에서 본다. 왜 울타리를 만들었는가를 생각해 보아야 한다. 그것 때문에 다른쪽을 보기 위하여 울타리를 건너다 보아야 하는 수고가 있다.

· 웅덩이

늘 꿈 속에서 자신이 웅덩이에 빠지는 꿈을 꿀 것이다. 이것은 두려움이 당신에게 있다는 것이다. 두려움을 버리고 당신에게 닥쳐 올 위험한 상황들을 피할 수 있는 지혜를 찾으라.

· 유령

도깨비를 참조하라.

· 오븐

환경의 좋은 변화를 가져 올 것이다. 오븐의 열은 빵을 굽는다. 오븐에 들어 있는 음식물은 매우 어려운 시간이지만 잠시 후에 좋은 것으로 만들어지게 된다.

· 오케스트라

밴드를 참조하라.

· 왕

왕은 아버지로 나타난다. 왕에 대해 우리가 행하고 느낀 일은 아버지의 특성을 보인 것이다.

· 오줌

이 꿈은 우리가 즉시 일어나 화장실에 가야 한다. 이것의
상징은 긴장의 해방이다. 현대적 해석은 화를 의미한다. 어머
니가 화를 내기 때문이다.

· 온천

온천에서 물의 분출은 삶의 심한 스트레스를 보여준 것이
다. 무엇인가 폭발 직전에 있는 것이다. 이것은 기적이 아니
다. 재난이다.

· 올빼미

이것은 지혜의 상징이다. 또한 이것은 죽음의 상징이다. 올
빼미는 밤에 잘 볼 수 있으므로 어둠을 헤치고 나가는 지혜가
있다.

· 욕심장이

고리대금업자, 즉 욕심장이에게는 다른 사람의 희생이 자기
에게는 유익이 된다. 이것은 아픔의 상징이다.

· 음란

내 주위에 어두운 세력이 머물고 있다는 것이다. 무서운 빙
산이 내 앞에 있다는 것이다. 중요한 것은 나에게 불러일으키
는 음란한 생각들을 떨쳐버리는 것이다.

· 음악

음악은 평화의 근원이다. 이것은 마음에 조화를 주는 것이다.

· 음주

음주의 상징은 휴식의 부족이다. 꿈 속의 쾌락은 현실적인 삶에 어떤 강한 스트레스가 왔다는 것이다. 예수님이 가나 혼인 잔치 집에서 행한 이적을 기억하라. 포도주는 예수님의 피를 상징한다. 따라서 포도주는 변화의 상징이기도 하다.

· 이름

상징적으로 이름은 우리가 우리 자신을 볼 수 있는 방법을 계시한 것이다. 이름은 그 사람 자신의 본질을 드러내 놓고 있다. 꿈에서 이름은 감정과 중요한 무엇인가를 찾는 것이다.

· 인어

인어는 바다의 생물로서 그것은 무의식으로부터 올라오는 그림이다. 종종 그것들은 사랑으로서 우리의 깊은 부분을 부른다.

· 임신

약속의 위대한 상징이다. 당신의 새로운 아이디어, 프로젝트를 가질 것이다. 새로운 생활이 시작된다.

· 의복

꿈에서 입고 있는 옷은 현재 우리 자신의 형편을 나타낸 것이다. 예를 들어 신발이 다 닳았다든가 뒤축이 떨어졌다면 당신의 삶을 잠시 살펴보아야 한다. 옷의 부족과 속옷은 당신의 정직을 나타내고 있다. 옷은 외모를 보인 것이다.

· 의사

의사는 지혜와 치료의 상징이다. 그들은 병든 사람을 진단함으로 돕는다. 이 상황은 버려진 상태를 회복시키는 것이다.

<ㅈ>

· 자

자는 우리의 문제와 생각을 측정한다. 우리는 더 정확하고 정직한 삶을 살아야 한다.

· 자동차

일반적으로 자동차는 자신을 상징한다. 그러므로 자동차의 질과 상태는 우리 자신을 어떻게 보고 있는가를 말해 준다. 자동차의 종류가 무엇이든지, 타이어가 어떠하든지, 누가 운전하든, 자동차가 나가는 방향이 잘못되었든 간에 자동차에 관해 일어나는 모든 일은 현재 우리의 감정과 정신적 상태를 말해 주고 있는 것이다. 자동차는 에너지의 상징이다. 자동차에 불이 들어오는가? 수동적으로 움직이는가 아니면 능동적으로 움직이는가?

· 잠

잠자는 꿈은 부족한 생각을 표현한 말이다. 이 잠에서 깨어나야 한다. 잠자는 것은 현실도피를 말하는 것이다.

· 장교

군장교는 당신의 삶에 몇 가지 지시를 줄 것이고 경찰 간부는 당신의 양심적인 삶을 지속하도록 할 것이다.

· 제단

우리가 양초, 십자가, 강단 등 교회 안에서 볼 수 있는 많은 성구들을 보았다면 먼저 자기 자신에게 그 실체를 물어 보아야 한다. 제단은 개인 또는 단체들이 하나님께 희생 제사를 드리는 거룩한 장소이다. 이곳은 하나님을 만나고 맹세하는 곳이다. 특별히 제단은 땅과 하늘이 만나는 장소이다(창 28장).

· 재단사

재단사는 옷을 만든다. 그들은 많은 아이디어를 가지고 있다. 일하는 재단사의 얼굴에서 우리의 생각과 의견을 발견할 수 있다.

· 저울

정의와 법의 상징이다(암 5:24).

· 전기

힘과 에너지는 전류에 의해 공급된다. 이것은 전선으로 힘이 공급된다. 현재의 상황에서 당신의 힘이 쇠약해지는지 알아보아야 한다. 전기의 스위치를 끄면 전류가 중단되기 때문에 절망하게 된다. 전선에 흐르는 전류는 임박한 위험을 경고한다.

· 전당포

이것은 우리의 생명이 달려있다. 생계를 위하여 위험한 모험을 할 필요가 없다. 왜냐하면 돈보다 생명이 중요하기 때문이다.

· 전쟁

프로이드는 전쟁의 상징으로 남성의 성적 활동을 말했다. 전쟁에 사용되는 총은 공격의 무기로 사용되었다. 폭행이나 습격은 무시된 양심을 의미하기도 한다. 지도자 아래서 당하는 폭행은 인격적인 성숙의 발전을 나타냈다. 전쟁은 자신과의 싸움을 의미하기도 한다.

· 전화

사람들은 전화소리에 깨어난다. 이것은 우리에게 중요한 사건을 알려주는 것이다. 전화는 대화의 수단이고 연락의 상징이다.

· 정원

에덴동산은 모두가 갈망하는 것이다. 아름다운 것은 정원에서 자란다. 이 상징은 무한한 가능성의 개발을 말하는 것이다. 우리는 정원을 개간하고 우리의 삶의 즐거움을 만들어야 한다. 정원은 영적 성숙을 위한 장소이다.

· 제복

당신은 유니폼을 입었는가? 이것은 아이디어, 단체의 상징을 가진다. 유니폼을 입었다는 것은 자신의 확신이 부족하다는 것이다.

· 쥐

쥐는 경고를 의미한다. 쥐같은 사람을 주의하라. 당신의 생활에 들어오고 있다. 쥐는 냄새의 방향을 따라 들어온다는 것을 기억하여야 한다.

· 지갑

지갑 안에는 당신을 알아볼 수 있는 정보가 있다. 예를 든다면 신분증같은 것이 들어있다. 지갑은 돈을 가질 수 있는 좋은 기회이다. 당신의 지갑 안에 무엇이 있는지를 보라. 꿈에서 지갑을 잃었다면 당신의 안전에 주의하라.

· 지도

지도는 특별한 메세지를 준다. 우리 앞에 이미 그려져 있는 방향을 알려 준다. 종종 꿈에서의 지도 연구는 새로운 통찰력을 제공해 준다.

· 지옥

지옥은 내적 세계의 상징이다. 지옥은 현재 우리의 삶의 운명을 경고하고 있는 것이다. 우리 안에 일어나는 나쁜 일을 점검하여 볼 필요가 있다.

· 지하

어떤 것이 시작되는 것이다. 지하는 경험 또는 느낌을 숨기는 곳이다.

· 죽음

죽음은 곧 부활을 의미한다. 나비가 변형되듯이 말이다.

· 중풍

이것은 매우 어려운 상황이다. 해결할 방법을 찾을 수 없다는 것이다. 자신의 능력이 무능함을 깨닫는다. 이러한 꿈에서 자신의 깊은 죄와 이해를 가져온다.

· 집

집에 있는 모든 방은 우리의 삶의 모습을 보인다. 부엌은 영양을 공급하는 곳이다. 침실은 성적인 활동을 하는 곳이다. 또는 안식을 나타내기도 한다. 고전풍의 집들은 과거의 우리의 생활을 기억나게 하여 준다. 분명히 꿈 속에 나타난 집은 우리 자신의 인생이다. 만일 마룻바닥이나 윗층에 대한 꿈은 당신의 영적 상태를 진단해야 한다. 집 벽에 금이 가거나 지하실에 물이 새면 당신의 삶에 어떤 문제가 발생하였음을 말하고 있는 것이다.

〈ㅊ〉

· 창문
인생의 앞날은 종종 창문으로 말한다.

· 천사

헬라어에서 천사의 뜻은 메신저(messenger)이다. 천사의 상징은 특별한 소식을 가져온다는 뜻이다.

· 창

창은 사람을 찌르는 무기이다. 전쟁에서 공격용 무기이다.
이것은 인간의 진노를 표현한 것이다.

· 충돌

당신의 꿈에서 차 충돌이 있었다면 당신은 주의해야 한다.
당신의 삶의 속도를 줄여야 한다. 자동차의 충돌은 당신의 감
정 조절이 중요함을 나타낸다.

· 춤

당신은 이제 거추장스러운 것을 버리고 새로운 삶을 시작할
것이다. 너무 흥분되어 신까지 벗어 던지고 큰 축제를 시작할
것이다.

· 치아

육체적인 외모에 신경을 쓰고 있다. 치아와는 아무 관련이
없다. 더러 잊어버리는 섯이 있을 것이다. 결짐을 김싸고 있던
것이 죄가 된다.

· 친구

성이 같은 사람일 때 그 꿈은 매우 중요한 관계를 요구하고
있는 것이다. 친구의 성격을 폭발시키게 된다.

· 세례

세례는 놀라운 힘을 연상하게 한다. 이것은 변화의 상징이
다. 근본적인 뜻은 마음의 변화가 일어나는 것이다. 세례는 새
롭게 시작하는 것을 나타내고 있다.

<ㅋ>

·카드놀이

카드놀이는 위험을 경고해 주는 신호이다. 어느 누가 모든 에이스를 잡았든 간에 항상 위험이 오고 있는 것이다. 인생은 때때로 예상하지 않은 것을 얻기도 하고 잃기도 하는 카드놀이와 같다.

·칼

종종 남자 성기관을 상징한다.

<ㅌ>

·타락

이것은 경고이다. 우리가 가고 있는 방향을 살펴보아야 한다. 타락에 대한 꿈을 꾼 사람은 자신을 조정할 수 없는 강한 두려움에 빠질 것이다.

·타이어

자동차의 부속품이다. 자동차에 있어서 타이어는 없어서는 안되는 것이다. 타이어가 바람이 빠졌거나 펑크가 났는가를 확인하라. 우리의 삶은 항상 여유를 가지고 생활해야 한다.

· 타자기

이것은 메세지를 만든다. 여기서 나오는 소식은 당신에게
좋은 소식이 될 것이다.

· 타조

모래에 자신의 머리를 박는 것을 표현한 것이다. 이렇게 하
면 자신이 숨은 것으로 안다. 쉽게 말하면 얕은 꾀를 부리는
것을 말하는 것이다.

· 탁자

탁자는 사람들이 계약하는 곳이다. 따라서 여기서 매매가
이루어진다. 당신이 탁자 위에서 무엇을 보았는가?

· 탐조등

빛은 계시를 의미한다. 빛을 통해 우리의 주위에서 특별한
문제를 찾아낼 수 있다.

· 토기장이

토기장이는 돌고 도는 기계 위에 진흙을 만지는 삶이다. 당
신의 삶의 중심이 무엇인지 그것을 바라보고 시작하라.

· 토끼

이것은 성과 관련된 것이다. 많은 번식을 말하는 것이다.

· 터널

터널은 길고 어두움이 있는 곳이다. 인생의 고난을 맞는 시
간이다. 그러나 잠시 후 빛을 보게 된다.

〈ㅍ〉

· 파티

이것은 기쁨을 의미한다. 또한 이것은 준비를 위하여 힘든 일을 나타내기도 한다. 꿈에 나타난 파티는 자신이 책임질 만한 중요한 일이 없다.

· 포기

일반적으로 우리가 무관심한 상태를 느낄 때이다. 현재 우리의 관계들을 주의할 필요가 있다. 왜 내가 실패자로 나타나는지 말이다. 꿈에서의 포기는 과거의 삶에서 청산되지 않은 어떤 신호라고 할 수 있다. 오래 전에 묶여있는 삶에서 해방을 의미하기도 한다.

· 포도주

이것은 기쁨의 상징이다. 건강과 행복을 말한다. 예수님은 물을 포도주로 만들었다. 꿈에서 포도주는 그리스도의 임재를 말한다.

· 표적

표적은 우리의 목적이다. 어떤 사람은 표적에 적중시키고 또 어떤 사람은 표적에서 빗나간다.

· 폭풍

이것은 내적 감정의 폭발을 의미한다.

· 풍물놀이

풍물놀이 꿈을 꾸었다면 흥분을 일으키는 모든 놀이를 중단
하여야 한다. 화투, 마작, 투기 등 이것은 자신의 어리석음을
보여 준 것이다.

· 피

피는 생명의 근원이다. 반면에 피는 아주 가까운 친척관계
를 나타내기도 한다. 그것은 개인적으로 나쁜 피를 말한다. 피
의 손실은 죽음을 가져온다.

· 피라미드

불굴의 의지를 보인 것이다. 모든 사람이 다 변해도 자신은
결코 변하지 않는다.

<ㅎ>

· 하수도

하수도가 터져 물이 새어나오는 것은 당신에게 무슨 문제가
있다는 신호이다. 특히 당신의 감정폭발을 주의하라. 당신은
물에 잠기고 당신의 집은 폐허가 될 것이다.

· 학교

집, 교회, 학교는 개인적인 일에 관한 것이다. 학교는 교육
의 장소이고 학교 교실에서 일어난 일은 지금 당신이 좋은 아
이디어를 얻을 수 있는 순간이다. 당신이 지금 교육을 담당하
는 위치에 있다면 하나님이 주신 아이디어를 사용하라.

· 향기

향의 생산은 냄새와 감정을 불러오는 것이다. 냄새는 증오 또는 유혹을 가져오는 신호이다. 나쁜 냄새는 불결한 일을 말하는 것이다.

· 허약

이것은 내적 연약의 상징이다. 이 꿈은 우리의 성격의 결점을 표현한 것이다.

· 휘발유

꿈에서 휘발유가 떨어졌다면 영적, 육적 건강에 대한 신호이다.

· 화상

나의 사업장과 나의 친구들의 관계를 생각해 보라. 일터의 손실과 친구에게 준 상처로 접근할 수 없는 일이 있다. 너무 불이 뜨거워서 우리의 힘으로 그것을 제거할 수 없게 된 것이다.

· 혼란

꿈에서 혼란이 일어나면 이것은 풍선처럼 불어나 우리의 방향을 잃게 된다. 당신의 중심을 고정시켜라.

· 휴가

하와이로 휴가를 가는 꿈을 꾸었는가? 할 수 있다면 당신은 휴가를 가져야 한다. 어떤 사람이 당신에게 말하는 꿈을 꾸었을 때 당신의 종업원이 휴가 중에 있는 것이다. 현실을 감안하여 휴가를 정해야 한다. 휴가는 재충전의 시간이다.

· 흉터

　우리는 과거사를 기억하여 설명할 필요가 있다. 심각했던 과거사를 묻어 두지 말고 풀어서 화해하고 해결하라.

· 흡혈귀

　뱀파이어는 사람의 생명의 피를 먹어 죽인다. 이것은 죽음을 상징한다.

3. 꿈이야기 평가서

평가자 이름 _________   이야기 자 이름______

이것은 일인칭 꿈이야기 평가서이다. 다음의 기준에 따라 평가를 하라. 단지 1-10 사이에서 사용하라. 1은 낮은 점수로 불안전하고, 10은 높은 점수로 거의 완전한 것이다.

당신은 하나님 앞에 양심적으로 점수 주고, 간단한 평도 하도록 하라. 책임질 수 있는 일을 하라.

1. 믿을 수 있도록 이야기의 특성을 표현하였는가?

2. 내적인 감동을 불러오는 이야기인가?

3. 균형있는 줄거리를 구사하였는가?

4. 이야기에서 상상력이 풍부했는가?

5. 성경 내용에 충실하였는가?

6. 만족할 만한 충분한 자료를 이용하였는가?

7. 생동감있는 움직임과 현실적인 음성을 가졌는가?

8. 이야기의 중심 아이디어가 있었는가?

9. 현실 생활의 적용은 어떠했는가? 이야기를 통하여 어떤 반응이 청중에게 일어나기를 기대했는지 당신은 알 수 있는가?

10. 이야기의 시작과 끝이 훌륭했는가?

총점수 : ________

나는 이 점수가 하나님 앞에 부끄러움 없는 것이라 생각합니다.

4. 참고서적

Bulkeley, Kelly. *Spiritual Dreaming.* New York: Paulist Press, 1995.

Foster, Richard J. *Prayer.* Sanfrancisco: Harpersanfrancisco, 1992.

Gardner, Paul D. *The Complete Who's Who in the Bible.* Michigan: Zondervan Publishing House, 1995.

Gnuse, Robert. "The Temple Experience of Jaddus in the Antiquities of Joseph: A report of Jewish Dream Incubation" *Jewish Quarterly Review* 83(Jan-Apr., 1993:349-368.

Grant, Reg and Reed, John. *Telling Stories to Touch the Heart.* England: Victor Books, 1994.

Grunebaum, G.E. Lon and Caillois, Roger Ed. The *Dream and Human Societies.* California: University of California Press, 1966.

Hendricks, Lois Lindsey. *Discovering My Biblical Dream Heritage.* California: Resource Publications, Inc., 1989.

Hunt, Harry T. *The Multiplicity Dreams.* New Haven and London: Yale University Press. 1989.

Kelsey, Morton T. *God, Dreams, and Revelation.* Minnesota: Augsburg Publishing House, 1974.

——, ————. *Dream: A Way to Listen to God.*

New York: Paulist Press, 1978.

Koch-sheras, Phyllis and Lemley, Amy. *The Dream Source Book*. Chicago:Contemporary Books, 1995.

Lindsey, Hal. *Apocalypse Code*. USA: Western Front Ltd., 1997.

Lindskoog, Kathryn. *The Gift of Dreams*. San Francisco:Happer and Row, Publishers, 1979.

Litherland, Janet. *Storytelling from the Bible*. Colorado: Meriwether Publishing LTD., 1997.

Meier, Paul, and Wise, Robert. *Windows of the Soul*. London: Thomas Nelson Publishers, 1995.

Morris, Jill. *The Dream workbook* (Discover the knowledge and power hidden in your dreams). Toronto: Little, Brown, and Company, 1985.

Parker, Russ. *Healing Dream*. England: Triangle, 1996.

__________. *Dreams and Spirituality*. Nottingham: Grove Books Limited, 1985.

Porter, Laurence. *The Interpretation of Dream*. Boston: Twayne Publishers, 1987.

Sanford, John A. *Dreams and Healing*. New York: Paulist Press, 1978.

Thomas, Benny. *Exploring the World of Dreams*. USA: Whitaker House Publishers, 1990.

Webb, Barry G. *The Message of Isaiah*. Illinois: InterVarsity Press, 1996.

Willard, Dallas. The Spirit of the Disciplines. Sanfrancisco: Harpersanfrancisco, 1988.

Zeitlin, Solomon. "Dreams and their Interpretation from the Biblical Period to the Tannaitic: an Historic Study." *Jewish Quarterly Review* 66(1975-1976):1-17.

* Word Biblical Commentary and Several Commentaries.

*

꿈에서 주님을 만나라

*

초판 1쇄 — 1999년 5월 15일

*

지은이 — 엄 복 용
펴낸이 — 이 규 종
펴낸곳 — 엘맨출판사

*

서울시 마포구 합정동 433 - 62
출판등록 — 제10 - 1562호 1998. 3. 19.

*

TEL. — (02) 323-4060
FAX. — (02) 323-6416

*

잘못된 책은 바꾸어 드립니다.

*

값 6,500원